원내조제분업의 법리

— 약사법 제23조 제4항의 해석론,
입법론 그리고 위헌론 —

이 상 돈

세창출판사

이 도서의 국립중앙도서관 출판시도서목록(CIP)은 서지정보유통지원시스템 홈페이지(http://seoji.nl.go.kr)와 국가자료공동목록시스템(http://www.nl.go.kr/kolisnet)에서 이용하실 수 있습니다.(CIP제어번호: CIP2015013270)

머 리 말

2000년부터 의약분업이 실시된 이후 병원 내에서 의약품의 조제는 입원환자나 수술환자 등에 국한되어 허용되어 왔다. 그러나 약사법은 의사가 누리는 원내조제권의 행사방법에 관해서 의사는 "자신이 직접 조제할 수 있다"라는 규정(제23조 제4항)만을 두고 있을 뿐이다. 이 규정에서 '직접'의 의미는 '손수'라는 매우 제한적인 의미로 읽힐 수는 없다. 의사가 처방하고, 약사가 그에 따라 조제하는 경우를 두고 '간접' 조제라고 한다면, 약사법의 '직접 조제' 규정은 의약분업의 예외를 인정하는 것일 뿐이다. 그러므로 약사법은 의사가 원내조제를 할 때 (의료법에서 인정하는) 의료분업을 어떤 형태로 수행할 것인지에 관해서는 아무것도 말하고 있지 않다.

이런 상황에서 2007년 나온 대법원 판례(大判 2006도4418)는 의사가 간호사나 간호조무사에게 조제를 위임하는 경우에는 간호사 등에 대하여 "구체적이고 즉각적인 지휘·감독"을 할 것을 요구한 바 있다. 그러나 첫째, 이 판례는 상급종합병원의 현실에서 보면 의약품의 조제는 체계화되고, 전문화되고, 독립적인 간호조직에 의해 —물론 의사의 전자처방에 따라— 훌륭하게 수행되고 있음을 간과하고 있다는 문제점이 있다. 병원의 현실에서 보면 간호조직의 통제기능과 교육기능이 의사의 구체적인 지휘·감독기능보다도 원내조제의 의약품 오남용을 방지하는 데 더 중요함을 인정할 수 있다. 둘째, 이보다 더 큰 문제점은 이 판례 이후 간호사의 조제가 이루어진 진료에 대한 요양급여비용청구가 부당청구로 인식되면서, 병원들이 부당이득 환수나 과징금의 제재를 받게 되었으며, 특히 30여 개가 넘는 중소병원들이 그로 인해 문을 닫게 되었다는 점이다. 게다가 해당 의료기관의 원장들은 형법상 사기죄로 처벌받기까지 하였다.

이러한 불합리한 결과는 분명 대법원이 의도한 것이 아닐 것이다. 여기서 약사법 제23조 제4항의 "자신이 직접 조제할 수 있다"는 법문언의 의미를 어떻게 해석하는 것이 의료의 자율성을 존중하면서 의약품 오남용의 방지라는 의약분업의 취지를 달성하게 하는 것인지가 문제로 등장한다. 또한 만일 합리적 해석에 한계가 있다면 동 조항을 어떻게 개정해야 하는가라는 입법론적인 문제도 등장한다. 물론 이러한 해석론과 입법론의 논의에는 그에 앞서 이 조항에 어떤 위헌적인 요소가 있는지를 깨닫는 것이 선행되어야 한다.

이 책은 약사법 제23조 제4항의 이와 같은 해석론과 입법론 그리고 위헌론을 자세하게 펼쳐보인다. 이 책에서 펼치는 나의 해석론, 입법론, 위헌론은 의·약 간의 직능을 합리적으로 조정하면서, 진료의 효율성과 의약품 오남용 방지의 목적을 동시에 달성하고, 병원의 임상현실에 대한 냉철한 인식을 토대로 병원들이 ―제23조 제4항의 잘못된 운영으로 인해― 억울하게 문을 닫게 되는 폐단을 시정하기 위한 것이라 할 수 있다. 아무쪼록 나의 이 분석과 제안이 의사, 간호사, 약사, 환자 모두에게 득이

되는 합리적인 원내조제의 법리를 세우는 것이 되기를 간절히
기대해 본다.

끝으로 이 책의 출간을 맡아주신 세창출판사 이방원 대표님
과 임길남 상무님께 감사의 마음을 전하며, 교정을 꼼꼼히 해
준 고려대학교 대학원생 권지혜 양과 최샘 양에게도 고마움을
전하고 싶다.

2015. 4.
대모산 기슭의 豊士室에서
이 상 돈

차 례

1 의사의 원내조제권에 대한 근본관점

② 원내조제 규제 법률의 해석과 방법

③ 원내조제의 수직적 분업과 감독의무

④　약사법 제23조 제4항의 위헌론

원내조제분업의 법리

— 약사법 제23조 제4항의 해석론,

입법론 그리고 위헌론 —

1 의사의 원내조제권에 대한 근본관점

Ⅰ. 문제제기

1. 약사의 조제권과 의사의 원내조제권

2000.7.1.부터 시행된 의약분업제도는 약사에게 조제권을 귀속시켰지만, 입원환자, 응급환자 또는 주사제를 주사하는 등의 경우에는 의사가 의약품을 직접 조제할 수 있게 하였다.

현행 약사법 제23조 【의약품 조제】 ① 약사 및 한약사가 아니면 의약품을 조제할 수 없으며, 약사 및 한약사는 각각 면허 범위에서 의약품을 조제하여야 한다. 다만, 약학을 전공하는 대학의 학생은 보건복지부령으로 정하는 범위에서 의약품을 조제할 수 있다.

④ 제1항에도 불구하고 의사 또는 치과의사는 다음 각 호의 어느 하나에 해당하는 경우에는 자신이 직접 조제할 수 있다.[1]

3. 응급환자 및 조현병(調絃病) 또는 조울증 등으로 자신 또는 타인을 해칠 우려가 있는 정신질환자에 대하여 조제하는 경우

4. 입원환자, 「감염병의 예방 및 관리에 관한 법률」에 따른 제1군감염병환자 및 「사회복지사업법」에 따른 사회복지시설에 입소한 자에 대하여 조

---

1) 여기서는 요양기관의 95% 이상을 차지하는 민간병원의 원내조제를 중심으로 살필 예정이므로, 제23조 제4항의 각 호 가운데 제1호, 제2호, 제6호~제14호는 생략했다.

제하는 경우(사회복지시설에서 숙식을 하지 아니하는 자인 경우에는 해
당 시설을 이용하는 동안에 조제하는 경우만 해당한다)
5. 주사제를 주사하는 경우

2. 근본관점의 차이

그러나 판례는 의사가 그의 원내조제권을 다음 사례와 같이
의사가 간호(조무)사에게 의약품의 조제를 위임하는 행위를 하
고, 지휘·감독을 하지 않으면, 현행 약사법 제23조 제1항에 위
반하는 무면허의약품조제죄(제93조 제1항 제3호)가 성립한다고
본다. 또한 그렇게 간호(조무)사가 위임받은 조제와 투약에 대
해 요양급여비용을 청구하면 그 청구는 국민건강보험법상 부
당 또는 허위청구(제57조 제1항)에 해당하고 동시에 형법상 사
기죄(제347조)에 해당하게 된다.

사례 1 | 병원급 사례

G 병원은 15개 진료과목 13개 진료과와 인공신장 전문센터 등 7개
전문센터와 200병상의 규모를 갖추었고, 병원조직상 간호부가 독립되
어 있고, 간호부 밑에 신장센터간호팀, 수술실간호팀, 3개의 병동마다
각각의 간호팀, 응급실간호팀, 외래간호팀으로 나누어져 있으며, 간호
부장 1명, 수간호사 6명, 간호사 20명, 간호조무사 50명 등 총 77명의
간호인력을 갖고 있다. G 병원은 약사 면허가 없는 조제실 직원 등으로
하여금 의약품을 조제하게 하고, 병실에서 간호(조무)사가 약국에서 올
라온 의약품을 조제하였고, 담당 의사는 매일 아침에 당일 투약할 의약
품을 간호(조무)사와 함께 총량을 검수하였다. 또한 이 병원 원장 甲은
이러한 원내조제에 대하여 조제료와 약제비 등의 요양급여비용을 청구
하였다. 甲은 약사법 제93조 제1항 제3호, 제23조 제1항, 형법 제347조
(사기죄)로 기소되어 벌금형이 선고되고,[2] 확정되었다. 또한 조제료와

약제비 등 지급받은 요양급여비용은 부당청구로 환수되었으며, 이 환
수처분에 대한 취소소송은 기각되었다.[3]

사례 2 │ 의원급 사례

H 정형외과 의원의 원장 甲은 입원환자 丙을 진료한 후 丙의 진료기
록지(order sheet)에 의약품의 종류와 용량을 결정하여 처방을 하였고,
乙 등의 간호조무사들은 甲의 특별한 지시나 감독 없이 병원 원무과 접
수실 옆의 약품 진열장에서 진료기록지의 내용에 따라 의약품의 종류
별(최소한 4가지 종류)로 용기에 들어 있는 약을 꺼내어 혼합하고 이를
밀봉하는 등의 행위를 한 후, 환자 丙에게 투약하였다. 甲은 乙 등이 한
행위에 대하여 조제료와 약제비 등의 요양급여비용을 청구하였다. 甲
은 약사법 제93조 제1항 제3호, 제23조 제1항, 형법 제347조(사기죄)로
기소되어 벌금형이 선고되고, 확정되었다.[4]

그러나 의료계는 대체로 의사가 원내조제를 간호(조무)사에
위임하는 행위를 정당한 진료권(의료분업권)의 행사라고 본다.
이와 같은 근본관점의 차이와 대립은 무엇이며, 어떻게 해소되
어야 하는 것일까? 아래에서는 그런 근본관점의 차이와 대립을

---

2) 항소심 판결은 부산지방법원 2012.8.14.선고 2012노367 판결, 상고
를 기각한 상고심 판결은 대법원 2013.11.15.선고 2012도10050 판결
참조.

3) 이에 대한 취소소송의 1심 판결로 서울행정법원 2012.2.3.선고 2011
구합15947 판결, 항소심 판결로 서울고등법원 2013.7.5.선고 2012누
7297 판결, 상고심 판결은 대법원 2013.10.18.선고 2013두14719 판결
참조.

4) 항소심 판결은 광주지법 2006.6.16.선고 2006노357 판결, 상고심 판
결은 대법원 2007.10.25.선고 2006도4418 판결 참조.

의사 중심적 관점(II)과 약사 중심적 관점(III)으로 나누어 설명한 후, 이 차이와 대립을 해소하는 관점을 의·약 간의 직능을 조정하는 관점(III)이라는 제목 하에 자세히 다루기로 한다.

II. 의사 중심적 이해

1. 의약분업의 예외로서 재량적 원내조제

대법원은 의약분업이 실시되기 전의 사건에서 "질병에 적합한 약품을 처방, 조제, 공여하거나 시술하는 것"(대판 99도2328; 2000도432)이 의료행위의 개념에 속한다는 입장이었다. 이러한 판례는 의료인들에게 의약품의 조제는 원칙적으로 의료인만이 할 수 있는 의료행위라는 이해를 강화시켜 주었다. 그렇기 때문에 의사들은 흔히 현행 약사법 제23조 제4항을 '의약분업의 예외'로서[5] 의사의 (본원적인) 조제권을 회복시켜 주는 규정으로 바라보곤 한다. 따라서 제23조 제4항의 "직접 조제"를 실행하는 방법에서도 의사는 다른 의료행위와 마찬가지로 광범위한 재량권이 인정되어야 한다고 본다. 그러므로 병원의사들의 원내조제권은 2000.7.1. 의약분업제도가 실시된 이후에도 의사들에게는 그 실시 이전과 마찬가지로 의약분업법제가 적용되지 않는 영역, 비유적으로는 의약분업의 (바꿔 말하면 약사법의) '치외법권'(exterritoriality)에 속해 있는 것처럼 이해된다고

---

5) 이런 인식을 보여주는 대한의사협회(회장 노환규)가 2014.4.16. 헌법재판소에 제출한 의견서 1쪽 참조.

비유할 수 있다.

2. 본원적인 진료권으로서 조제권의 회복

(1) 원내조제 수권규정의 의약분업 전후에 걸친 동일성

이런 이해는 약사법의 제·개정 역사를 보면 얼핏 그 타당성을 인정할 수 있을 것처럼 보인다. 왜냐하면 현행 약사법 제23조 제4항의 "자신이 직접 조제"라는 문언은 공교롭게도 의약분업제도가 실시되지 않았던 1953년 제정 약사법[6]의 부칙 제59조("자신이 조제")와 부분적으로 같고, 1963년 전부개정 약사법[7] 부칙 제3조("자신이 직접 조제")라는 문언과 완전히 같기 때문이다.

> (1954.1.28.시행) **약사법 제18조【조제】** ① 약사가 아니면 의약품을 조제할 수 없다.
> **부칙 제59조** 의사, 치과의사, 한의사, 수의사는 자기가 치료사용하는 의약품에 한하여 자신이 조제할 때에는 제18조의 규정에 불구하고 조제할 수 있다.

> (1963.2.14.시행) **개정 약사법 제21조【조제】** ① 약사가 아니면 의약품을 조제할 수 없다.
> **부칙 제3조** 의사·치과의사·한의사 또는 수의사는 자신이 치료용으로 사용하는 의약품에 한하여 자신이 직접 조제할 경우에는 제21조의 규정에 불구하고 이를 조제할 수 있다.

---

6) 제정 약사법은 법률 제300호, 1953.12.18. 제정, 1954.1.28. 시행됨.
7) 법률 제1491호, 1963.12.13. 전부 개정되고, 1964.2.14. 시행됨.

(2) 본원적인 직업권으로서 조제권

이처럼 의사 등에 대한 원내조제의 수권규정의 문언이 의약분업제도의 시행 이전이나 이후 모두 동일하다는 점을 고려하면, "자신이 직접 조제"할 수 있다는 현행 약사법 제23조 제4항은 의약분업의 실시여부와는 무관한 의료권, 다시 말해 의사에게서 박탈할 수 없는 '본원적인 직업권'(ursprüngliches Berufsrecht)으로서 조제권을 승인한 것으로 해석하기 쉽다. 그러므로 제23조 제4항은 약사 중심적인 관점에서 바라보듯 의사의 조제에 대한 '예외적 허용규정'(Erlaubnisvorschrift)이 아닌 것이다.

(3) 의약분업의 이상과 현실의 괴리

물론 제정 약사법은 서구사회의 의약분업이라는 '이상'(ideal)을 좇으면서 우리나라 의료(체계)의 열악한 '현실'을 고려한 것일 수 있다.[8] 하지만 의료계의 입장에서는 조제권은 의사의 '본원적인 직업권'인데, 단지 당시 매우 낮은 의료접근성의 현실을 고려하여 약사에게 조제권을 편의적으로 인정해준 것에 불과하다고 볼 수 있다. 실제로 의약분업 실시 이전에는 － 물론 실시 이후에도 일반의약품의 혼합제조나 대체조제를 통하여 어느 정도까지는－ 약사들은 의사의 부족을 메워주는 준의료인 기능을 오랜 세월 수행해 왔다. 그러나 당시 약사법은 조제권을 약사에게 귀속시키고, 의사의 조제권은 '부칙'에서 승

---

8) 이는 1953년 제정 약사법 전반에 걸쳐 있는 한계로서 "의료재원의 인적·물적 인프라가 부족한 현실과 적절히 타협한 산물이었다"[신규환, "해방 이후 약무행정의 제도적 정착과정: 1953년 「약사법」 제정을 중심으로," 『의사학』(제22권 제3호, 2013), 873쪽.]고 볼 수 있을 것이다.

인한 것이고, 이런 법규정의 체계는 약사법이 제정 당시부터 서구적인 의약분업을 이상적으로 기획했었다는 점을 인정할 수 있게 한다. 그러므로 약사법이 제정될 때부터 약사법의 근대적 기획과 전통적인[9] 의료인문화 또는 의료인정체성 사이에는 심각한 괴리가 있었다고 볼 수 있다. 이 심각한 괴리 속에서 형성된 의사의 직업정체성은 조제권을 '본원적인 직업권'으로 여기는 방향으로 형성·유지되어 온 것이다.

3. 조제위임에서 광범위한 재량권

게다가 1953년의 제정 약사법과 1963년의 전부개정 약사법 사이에 의약분업제도의 실시가 전혀 진전이 없었는데도, 제정 약사법에서 "직접" 문구가 빠졌던 점을 고려해보면, "직접"이라는 문구는 의약분업과는 전혀 관련이 없는 것이라고 볼 여지를 준다. 다시 말해 "자신이 직접 조제"라는 문구는 "자신이 조제"로 읽어도 무방하며, 따라서 의사의 원내조제는 임상에서 관행과 전통적 방식으로 수행할 수 있다고 해석할 수 있게 된다. 그렇기에 의사들은 원내조제를 손수 할지, 간호(조무)사를 시켜서 할지, 간호(조무)사를 시키는 경우에도 어느 정도의 지휘·감독을 할지는 임상의 관행을 고려하고, 자신의 전문적인 판단에 의해 합리적으로 정할 수 있다고 보는 것이다. 현재 임상의 현실은 간호(조무)사의 조제보조에 대해 의사는 지시를 한 뒤 "일반

---

9) 이를 바꿔 말하면 "민속적인 건강개념"이라고 표현할 수도 있겠다. 이런 개념을 사용하여 의약품 오남용의 원인을 지적하는 조병희, "의약분업의 쟁점과 집단적 이해관계," 『보건과 사회과학』(제6·7집, 2000), 197쪽.

적인 지도·감독"10)만을 할 뿐이며, 이러한 수직적 의료분업에서 의사는 매우 약한 감독의무만을 이행하고 있다.

4. 의사 중심적 관점의 법적 결론

이상에서 설명한 의사 중심적 관점에서 약사법 제23조 제4항을 해석한다면 다음과 같은 법적 결론이 도출되기 쉽다.

(1) 국민건강보험법적 효과

의사가 처방하고, (가령 CCTV를 통하여 감시하고) 의사의 '전반적이고 총괄적인 관리·감독' 하에 간호(조무)사가 원내조제를 하고, 요양급여비용을 청구하는 것은 —설령 의사가 "구체적이고 즉각적인 지휘·감독"(대판 2006도4418)을 하지 않더라도— 건강보험법상 정당하게 요양급여비용을 청구하는 것이 된다.

이러한 결론은 첫째, 의사의 재량권을 넓게 인정함으로써 의사의 직접 조제권은 간호(조무)사에게 대개 포괄적으로 위임될 수 있다는 점, 즉 수직적 의료분업에서 신뢰원칙(Vertrauens-prinzip)을 —마치 의사와 의사 사이의 수평적 의료분업과 마찬가지로— '완전하게' 적용할 수 있다는 인식을 전제로 한다. 여기서 '완전하게' 적용된다는 것은 예컨대 전문의와 전문의 사이의 분업에서는 어느 일방이 다른 상대방의 분업수행에 대한 감독의무를 지지도 않는 것을 의미한다.11) 하지만 수직적 의료분업

---

10) 이런 인식을 보여주는 대한의사협회(회장 노환규)가 2014.4.16. 헌법재판소에 제출한 의견서, 2쪽 참조.
11) 수평적 의료분업의 경우에 감독의무가 배제된다는 독일연방법원의 대표적인 판례로 BGH NJW 1980, 650쪽 참조.

의 경우에는 전문의와 전문의 사이의 수평적 의료분업과 달리 신뢰원칙은 완전하게 적용되지 않고, 배제되거나 미약한 수준으로 적용된다.[12] 그러니까 의사가 간호사에게 조제를 위임한다면, 그 조제에 대한 감독을 어떤 수준으로든 해야만 한다. 또한 이런 의미에서 조제에 대한 의사의 감독이 요구된다고 보더라도, 의사 중심적인 관점에서는 그런 감독은 의사가 매일 아침 회진할 때에 통상적으로 자신이 처방한 바대로 조제와 투약이 이루어졌는지를 확인하는 행위를 통하여 이미 이루어지는 것이 된다.

둘째, 조제가 의사의 본원적인 진료권이라면 입원환자에 대한 조제와 투약에서 복약지도의무는 진료행위의 과정으로, 즉, 의사가 병실에 회진을 돌면서 하는 설명의무에 의해 이행된다고 본다. 다시 말해 의사의 복약지도는 설명의무에 통합되는 것이다.

셋째, 이러한 결론은 의료법상 요구되는 정원에 미달하는 약사를 둔 경우에도 영향을 받지 않는다. 왜냐하면 의사의 원내 직접 조제권은 의사의 본원적인 의료권이 회복된 결과일 뿐이기 때문이다.

(2) 형법적 효과

의사의 전반적인 관리·감독과 포괄적인 위임에 의한 간호(조무)사의 원내조제에 대한 요양급여비용의 청구는 정당한 것이므로, 국민건강보험공단의 요양급여비용을 편취한 것에 해당하지 않으며, 그런 청구를 행한 의사에게는 사기의 고의도 인

---

12) 이와 같은 신뢰원칙의 적용에서 차이에 관해서 자세히는 이상돈, 『의료형법』(법문사, 1998), 116~118쪽 참조.

정할 수 없게 된다.

(3) 헌법적 효과

약사법 제23조가 제1항에서 약사의 조제권에는 "직접"이란 문언을 두지 않으면서 제4항에서 의사의 원내조제에 "직접"이 란 문언을 두는 것은 체계정당성(Systemgerechtigkeit)[13]을 해한 것이며, 의사와 약사라는 두 전문가집단을 평등하게 취급하지 않은 것이다. 또한 제23조 제4항은 의약분업의 예외로서 회복 된 의사의 본원적인 조제권을 "직접" 행사하게 함으로써 의사 의 의료권으로서 조제권을 과잉으로 제한하고, 의사의 직업수 행의 자유를 침해한다고 보게 된다. 그러므로 제23조 제4항에 서 "자신이 직접"이라는 문언은 위헌으로서 삭제되어야 하며, 헌법재판소는 제23조 제4항에 대하여 적어도 '일부위헌결정'을 내려야 한다고 본다.

III. 약사 중심적 이해

1. 의약분업제도 하에서 약사의 직업권으로 전속된 조제권

2000년 의약분업제도의 실시를 두고 의료계는 집단행동을 불 사하면서 강력하게 불복종한 바 있었다. 이런 강력한 투쟁에는 다양한 이유가 있었다. 그러나 의사와 약사 사이의 직능영역에 대한 경계설정이 불공정하게 될 것이라는 우려도 그중 하나였다.

---

13) 이에 관하여 자세히는 [4].V.2 참조.

(1) 약사의 직업권이 된 조제와 투약

의료행위의 전체적 과정을 진단, 처방, 조제, 투약이라는 가장 단순한 모형으로 설명해보자. 의약분업제도는 진단과 처방은 의사의 직업권으로, 조제와 투약은 약사의 직업권으로 분할하는 제도이다. 약사 중심적인 관점에서 보면 2000.7.1. 시행된 약사법은 의약분업제도를 전격 도입함으로써 원칙적으로 진단과 처방은 의사에게, 조제와 투약은 약사에게 분배하는 직능조정을 한 것이 된다. 이런 관점에서 약사법 제23조 제4항의 원내조제는 의사가 직접 조제하여야 하고, 이때 의사의 조제는 약사의 직업권으로서 조제권을 '대리'로 행사하는 것으로 해석할 수 있다.

(2) 복지부의 약사 중심적 유권해석

그러나 이렇게 이해하면 의사의 원내조제는 의료행위가 아니라 '약무행위'가 되는 셈이다. 이런 관점은 보건복지부의 다음과 같은 유권해석에서도 잘 드러난다.

가령 보건복지부 홈페이지 의료자원과의 질의응답(2010.5.11. 질의 2에 대한 답변)을 보면 간호사의 업무를 설명하면서 "진료보조 업무라 함은 의료인의 지시, 감독 하에 이루어지는 의료행위 또는 의료행위에 준하는 행위들을 뜻한다 할 것인바, …(중략)…이러한 행위의 예시로서, 의사의 지시 감독 하에 수행 가능한 사항으로는…(중략)…입원실이 있는 의료기관에서의 조제·투약 등을 돕는 약무보조행위 등이 있으며, 이러한 행위들이 의사 지시 감독 없이 독단적으로 수행될 경우에는 무면허의료행위로서 관련법에 저촉될 것으로 사료됩니다."

보건복지부의 답변처럼 간호(조무)사의 조제행위가 '약무보조행위'를 하는 것이라면 의사의 원내조제는 '약무행위'가 되며, 이는 의사의 조제가 약사의 직업권을 (포괄적으로 위임을 받아) 대리하는 행위라는 논리를 배후에 두고 있다.

2. 수권규정이 아닌 예외적 허용규정

이와 같은 약사 중심적 관점에서 보면 먼저 제23조 제4항은 의약분업의 예외가 아니다. ·

(1) 처방전 작성교부의무 면제의 반사적 효과로서 직접 조제

의사의 원내조제를 치외법권적인 영역에 놓는 것이 아니라, 의료권을 규정하는 기본법인 의료법 제18조 제1항은 의사의 조제를 "약사법에 따라 자신이 직접 의약품을 조제할 수 있는 경우"에만 의사의 조제를 허용하고 있다. 즉 약사 중심적 관점에서 보면 의사의 원내 직접 조제는 본원적인 의료권의 회복을 의미하는 것이 아니며, 의약분업제도를 구축한 약사법 하에서 "약사법에 따라 자신이 직접 의약품을 조제할 수 있는 경우"란 "보건복지부령으로 정하는 바에 따라 처방전을 작성하여 환자에게 내주거나 발송하여야" 의무를 면하게 해주는 규정(의료법 제18조 제1항)의 반사적 결과일 뿐이다.

(2) 의료법 제18조 제1항의 제외규정 형식과 수권규정의 불인정

이렇게 보는 이유는 의료법 제18조 제1항이 '제외(除外)규정'의 형식(예: ~경우가 아니면 처방전을 작성·교부하여야 한다)을 취하고 있다는 데에 있다.

> **의료법 제18조 【처방전 작성과 교부】** ① 의사나 치과의사는 환자에게 의약품을 투여할 필요가 있다고 인정하면 「약사법」에 따라 자신이 직접 의약품을 조제할 수 있는 경우가 아니면 보건복지부령으로 정하는 바에 따라 처방전을 작성하여 환자에게 내주거나 발송(전자처방전만 해당된다)하여야 한다.

이 규정을 반대해석(逆推, argumentum e contrario)의 방법으로 해석해 보면, 의사가 처방전을 작성·교부할 의무가 면제됨으로써 의사는 직접 의약품을 조제할 수 있게 된다는 결론이 도출된다. 다시 말해 직접 조제는 처방전 작성·교부 의무가 면제됨으로써 발생하는 반사적 결과가 된다. 이와 같이 의료법 제18조 제1항이 취하고 있는 제외규정의 형식을 고려해보면, 약사법 제23조 제4항은 의사에게 '조제권을 부여'(수권, 授權)하는 것이라기보다는 '조제를 예외적으로 허용하는' 규정으로 읽히기 쉽게 된다. 다시 말해 약사 중심적 관점에서 약사법 제23조 제4항은 —의료법 제18조 제1항의 제외규정 형식을 고려할 때 더욱더— 원내조제의 본원적인 (조제)수권규정(Ermächtigungsvorschrift)이 아니라 단지 '예외적 허용규정'(Erlaubnisvorschrift)일 뿐이다.

3. 원내조제에 대한 약사의 검토기능

게다가 현행 약사법 제23조 제4항은 1963년 개정 약사법과 달리 국민건강보험체계의 구축과 함께 도입된 의약분업제도를 전제로 한 규정이라는 점에서 의약분업의 예외가 아니라 여전히 의약분업의 원칙 아래 놓여 있는 특수한 실행규정이 된다. 따라서 의료법도 의사의 원내조제를 의사의 재량적인 직업권 영역에 전속시키지 않고, 약사의 통제 하에 놓이게 하는 체계를 짜고 있다고 보게 된다. 예컨대 의료법 제36조는 하위법규(의료법시행규칙 제38조 제2항)를 통하여 일정한 정원의 약사를 두도록 의무화하고, 이 병원약사들은 외래환자에 대한 조제는 물론이고, 병원에 들어오는 의약품을 수령하고, 각 진료실에 분배하면서 의약품사용에 관한 전반적인 감시·통제를 하게 된다.

> **의료법 제36조 【준수사항】** 제33조 제2항 및 제8항에 따라 의료기관을 개설하는 자는 보건복지부령으로 정하는 바에 따라 다음 각 호의 사항을 지켜야 한다.
> 5. 의료기관의 종류에 따른 의료인 등의 정원 기준에 관한 사항
> **의료법시행규칙 제38조 【의료인 등의 정원】** ② 의료기관은 제1항의 의료인 외에 다음의 기준에 따라 필요한 인원을 두어야 한다.
> 1. 병원급 의료기관에는 별표 5의2에 따른 약사 또는 한약사(법률 제8365호 약사법 전부개정법률 부칙 제9조에 따라 한약을 조제할 수 있는 약사를 포함한다. 이하 같다)를 두어야 한다.

4. 원내조제에서 영(零)으로 수축된 의사의 재량권

약사 중심적인 관점에서 보면 의사의 원내조제는 예외적으로 허용된 것이므로, "의사는 자신이 직접 조제할 수 있다"는 법문언은 가능한 좁게 해석되기 쉽다. 가령 "자신이 직접" 조제한다는 것은 의사가 손수(또는 自手, eigenhändig), 즉 자기의 손으로 조제하는 것을 가리킨다고 해석하는 것이다. 이렇게 되면 의사의 진료를 보조하는 간호(조무)사가 의사의 원내조제라는 약무행위를 보조하는 행위(약무보조행위)를 하는 경우에 의사는

사실상 간호(조무)사 바로 옆에서 지켜보고 있어야 한다는 극단적인 결론도 도출될 수 있다. 이는 판례(대판 2006도4418)에서 말하는 "간호사를 기계적으로 이용"하는 조제를 가리킨다.

또 다른 각도에서 보면, 원내조제가 약사의 직업권을 예외적인 허용규정에 의해 대리행사하는 것이고, 의사의 진료보조인인 간호사의 조제는 의사의 대리를 또다시 대리하는 것이다. 그러나 대리의 대리를 —민법적으로는 복대리(複代理)(민법 제120조 내지 제123조)와 같은 행위를— 넓게 허용할수록, 약사의 조제권과 그 대리행사에 대한 감시·통제권은 그만큼 더 약화된다. 따라서 약사의 직업권으로서 조제권을 확고하게 하려면 의사의 원내조제는 손수해야 한다는 해석을 하게 되는 것이다. 그러나 이와 같은 해석은 과도하게 약사 편향적인 해석이다. 이 해석으로 인해 진료가 정상적으로 기능할 수 있게 하는 의료분업의 자율적 형성은 부정되고, 의료행위에서 의사의 재량권은 영(零)으로 수축되고 만다.

4. 약사 중심적 관점의 법적 결론

이상에서 설명한 약사 중심적 관점에서 약사법 제23조 제4항을 해석한다면 다음과 같은 법적 결론이 도출되기 쉽다.

(1) 국민건강보험법적 효과

약사의 정원을 충족하지 못하는 경우에 간호(조무)사가 원내조제를 하고, 요양급여비용을 청구하는 것은 —설령 의사가 "구체적이고 즉각적인 지휘·감독"(대판 2006도4418)을 하였더라도— 건강보험법상 부당 또는 허위청구가 된다.

최근 보건복지부는 부산의 G 병원이 주 3일 파트타임 병원약사를 고용한 채 간호(조무)사가 원내조제를 하고 요양급여비용을 청구한 행위에 대해(앞의 사례 1 참조) 그 조제행위 기간 동안 그 병원이 의료법상 약사를 둘 의무가 없는 조제건수(50건 미만)를 보였던 병원이라는 점에서 G 병원의 경우는 약사부재에 대한 허위청구가 아니라는 유권해석을 내놓은 바 있다.[14] 그러나 여기서 설명한 바와 같은 약사 중심적인 관점에서 보면, 의료법(시행규칙)이 정한 약사정원에 미달하는 상당수의 병원의 경우[15] 간호(조무)사의 원내조제는 허위청구로 보게 될 것이다.

따라서 조제료뿐만 아니라 부당 또는 허위조제로 청구된 약제비까지 환수하는 처분은 정당한 것이 된다.

(2) 형법적 효과

약사가 원내조제를 하지 않고, 아울러 의사가 "간호사를 기계적으로 이용"하여 조제하지 않은 경우 —또한 "구체적이고 즉각적인 지휘·감독"을 받지 않은 채 간호(조무)사가 한 원내조제를 한 경우에도— 그 요양급여비용을 청구하는 행위를 하는 의사는 요양급여비용을 편취한 것이고, 또한 사기의 고의도

---

14) 이 기사는 http://blog.naver.com/ph001144/220011391579에서 확인할 수 있음.

15) 건강보험심사평가원이 제출한 자료를 최동의 의원실이 재구성한 의료기관 종별 및 병사수별 약사정원 기준미달 현황(2013년말 기준)을 보면 상급종합병원 43개 중 기준미달 기관수는 24개로서 약 55%가 기준미달인 셈이며, 종합병원 중 500병상 이상은 총 52개 기관 중 20개가 기준미달로서 약 38.4%가 기준미달이고, 300병상 이상 500병상 미만인 64개 기관 중 기준미달 기관수는 25개로서 약 39%가 기준미달인 것으로 알려져 있다.

있다고 볼 수 있다. 판례(대판 2006도4418)는 이러한 사기죄를
인정하고 있다.

(3) 헌법적 효과

약사법 제23조가 제1항에서 약사의 조제권에는 "직접"이란
문언을 두지 않으면서 제4항에서 의사의 원내조제에는 "직접"
이란 문언을 두는 것은 체계정당성(Systemgerechtigkeit)을 해한
것도 아니고, 의사의 (약사와 비교할 때의) 평등권이나 직업권(직
업수행의 자유)을 침해하는 것도 아니다. 의사의 원내 직접 조제
는 약사의 조제권을 대리 행사하는 것이므로, 그 대리행사에 대
한 제한으로서 의사가 '직접' 조제하도록 하는 것은 합리적인
제한이 되기 때문이다. 따라서 약사법 제23조 제1항은 완전하
게 합헌적인 규정이 된다.

IV. 의·약 간의 직능을 합리적으로 조정하는 해석

약사법 제23조 제4항의 원내조제에 대한 올바른 이해는 의사
중심적인 관점이나 약사 중심적인 관점 사이에 위치하는 변증
적인 관점을 세움으로써 가능해진다.

1. 의·약 간의 협업: 상호견제와 보완

그런 관점의 출발은 의사와 약사가 조제권이라는 권리를 위
해 투쟁하는 대립적 집단이 아니라 (의약분업의 목적인) '의약품
의 오남용 방지'와 (의료의 목적인) '치료의 효율성'이라는 두 가

지 목적을 '동시에' 달성하기 위해 서로 '견제'하고 '협력'하는 전문가집단으로 바라보는 데에서 시작한다.

(1) 분업과 협업의 구분

여기서 의료인 사이의 분업적 역할수행을 의료분업(medical division, medizinische Arbeitsteilung)이라고 개념화한다면, 의사와 약사 사이의 분업적인 역할수행은 '협업'(cooperation)이라고 개념화할 수 있다. 이처럼 약사와 의사의 협력적 서비스를 분업과 구별하여 협업으로 개념화하는 것은 약사는 의사에 이웃해 있는 직업(또는 보건의료기본법상 보건의료인16))이기는 하지만, 의료법상 의료인이 아니기 때문이다.

(2) 팀워크의 분업과 상호견제보완의 협업

의사와 약사 사이의 협업에서는 의료인 사이의 분업과 달리 '팀워크', 즉 조화와 균형이 중요한 것이 아니라 '상호견제'와 '상호보완'이 중요하다. 헌법재판소도 의약분업을 두고 "의사의 처방과 약사의 조제를 통한 상호견제보완 및 이중 점검으로 의약품 사용을 합리화하고, 국민에게는 양질의 의약서비스를 제공할 수 있게 될 것이다"(헌재결 2000헌마563)라고 본 바 있다.

약사법 제23조 제1항이 조제권을 약사에게 귀속시키면서도 제4항이 원내조제권을 의사에게 부여하는 것도 바로 의·약 간

---

16) 물론 보건의료기본법은 약국도 보건의료기관(제3조 제4호)으로 규정하고 있어 약사도 보건의료인으로 볼 수 있다. 이 보건의료기본법의 기획에 관한 법이론적인 분석으로 이상돈, "법을 통한 보건과 의료의 통합? 보건의료기본법의 체계기획에 대한 비판과 전망," 『고려법학』(제36호, 2001), 119~154쪽 참조.

의 관계를 상호견제와 상호보완의 관계로 짜기 위한 것이다. 약사의 조제권과 의사의 원내조제권은 어느 하나가 본원적인 권리인 것이 아니라 의약품 오남용 방지와 효율적 치료라는 두 가지 목적을 동시에 달성하기 위해 각각의 직역에게 마땅히 귀속되어야 할 권리가 된다.

2. 약사의 조제권과 약무감시기능

의사와 약사의 협업, 즉, 상호견제와 보완의 기제는 먼저 약사에게 조제권을 인정하는 (제23조 제1항) 토대 위에서 구축될 수 있다. 이는 "의사의 처방전에 대한 약사의 검토기능"(헌재결 2000헌마563)[17]을 구축하기 위함이다.

(1) 약사의 조제를 통한 검토기능

첫째, 이처럼 약사의 조제권이 갖는 '검토기능'(감시기능)은 외래환자의 경우나 동네의원에서는 의약품의 오남용을 방지하는 데에 ―적어도 의약분업제도를 성공적인 제도로 바라보는 한― 필수적이라고 볼 수 있다. 약사법 제26조 제2항은 이러한 검토기능을 다음과 같이 제도화하고 있다. "약사 또는 한약사는 처방전에 표시된 의약품의 명칭·분량·용법 및 용량 등이 다음 각 호의 어느 하나로 의심되는 경우 처방전을 발행한 의사·치과의사·한의사 또는 수의사에게 전화 및 모사전송을 이용하거나 전화 및 전자우편을 이용하여 의심스러운 점을 확인한 후가 아니면 조제를 하여서는 아니 된다."

---

17) 헌법재판소 2003.10.30. 2000헌마563 결정.

(2) 약사의 검토기능의 한계

둘째, 이에 반해 병원의 원내조제에서 약사의 검토기능은 한계가 있다. 약사의 지식과 경험은 예컨대 수술환자나 입원환자에 대한 의약품의 조제투약이 의학적으로 적정한지를 심사평가할 수가 없는 것이기 때문이다. 그러므로 입원환자나 수술환자 등에 대해서는 의사가 원내조제권을 가져야 한다. 그러므로 헌법재판소가 말하는 검토기능이란 의학적 적정성에 대한 것이 아니라 약물의 오남용에 대한 감시기능을 의미한다고 보아야 한다.

하지만 병원의 원내조제에 대한 약사의 검토기능은 완전히 배제되지 않는다. 그렇지 않다면, 의약분업체제 이전의 의약일체서비스의 체제로 돌아가는 것이기 때문이다.

(3) 약사의 약무감시기능

따라서 앞에서 설명한 바와 같이 의료법 제36조 및 의료법시행규칙 제38조 제2항은 법령으로 정하는 정원의 약사를 병원에 두게 하고, 이 병원 약사들로 하여금 외래환자에 대한 조제를 하게 하거나 병원에 들어오는 의약품을 수령하고, 전자적인 처방전달시스템(OSC)에 의해 전달되는 의사의 처방에 따라 환자가 매회 복용할 수 있는 형태로 약을 조제·밀봉하여 병실에 보내게 하거나 또는 각 병동의 모든 환자에게 공급될 약의 총량을 분류하여 각 진료실에 공급함으로써 의약품 사용에 관한 전반적인 감시를 하는 기제를 설정하고 있다. 이런 검토기능은 마치 식약청의 약무감시기능을 축소하여 각 병원 내에 이식시켜 놓은 것으로 볼 수 있다.

3. 의사의 원내조제와 의료분업의 합리성

그러나 약사의 조제권 귀속이 의약품 오남용의 방지와 효율적인 치료의 목적에 언제나 순기능적인 것은 아니다.

(1) 약사 조제권 전속의 부작용을 견제하는 의사의 원내조제권

약사의 조제권 전속이 갖는 부작용을 견제하는 제도가 바로 수술환자나 입원환자 등의 경우에 갖는 의사의 원내조제권(제23조 제4항)이다.

1) 의학적으로 적정한 조제 · 투약을 위한 의료분업의 필요성

이 원내조제권은 약사의 조제가 (의약품의 오남용 방지라는 이익보다) 효율적인 치료에 오히려 방해가 되는 불이익을 제거하고, 효율적으로 치료목적을 달성하기 위한 것이다. 왜냐하면 수술환자나 입원환자의 상태는 시시각각으로 변화하기 마련이고, 조제와 투약은 그런 변화에 신속하고 적절하게 대처해야 하는데, 의료인이 아닌 약사의 검토기능을 고집할 경우에 그런 대처가 어려울 수 있기 때문이다. 의사와 약사의 협업은 의사와 간호(조무)사 등 사이의 분업처럼 환자의 상황 변화에 기민하게 대처할 수 없는 것이다. 그런 기민한 대처능력은 약사의 지식과 경험만으로 형성되는 것이 아니라 일상적으로 하나의 팀을 이루어 긴밀한 의사소통과 상호작용을 반복하는 임상현장 속에서 형성되는 것이다. 그러므로 입원환자 등에 대한 의약품 오남용 방지라는 목적의 달성을 위해 약사는 원내조제까지 그 권리를 독점할 수 없고, 의사의 원내조제권의 올바른 행사, 즉 간호(조무)사의 조제에 대한 지휘 · 감독이 발휘하는 의약품 오남용 방지 역할을 필요로 한다고 볼 수 있다. 다시 말해 의약품 오남용 방지의 목적 달성을 위해 ―설령 약사가 조제권의 유일한 귀속주체라는 전제에서 출발하더라도― 약사는 의사와 협업을 해야 하는 셈이 된다.[18]

2) 약사의 검토기능의 공간적 제한

다시 말해 약사가 수술방에 조제를 위해 들어가고, 입원실에 들어가는 것은 약사가 의사나 간호사와 같은 의료인이 되지 않는 한 부적절하다. 그렇기 때문에 약사법 제23조 제2항은 약사의 조제행위를 약국 또는 의료기관의 조제실에 국한시키고 있는 것이다.

> 약사법 제23조 제2항 약사 또는 한약사가 의약품을 조제할 때에는 약국 또는 의료기관의 조제실(제92조 제1항 제2호 후단에 따라 한국희귀의약품센터에 설치된 조제실을 포함한다)에서 하여야 한다. 다만, 시장·군수·구청장의 승인을 받은 경우에는 예외로 한다.

물론 의료기관의 조제실을 병원 내에서 조제실 용도로 특정된 공간만이 아니라 조제행위가 이루어지는 모든 공간을 뜻한다고 볼 수 없는 것은 아니다. 그러나 그렇게 해석한다면 약사가 조제행위를 하는 모든 공간이 곧 조제실이 되고, 조제실의 개념은 물리적인 것이 아니라 기능적인 것이 된다. 그러나 이렇게 되면 제23조 제2항의 제한은 아무런 의미도 기능도 없게 된다.

---

18) 이는 보건의료기본법 제26조(보건의료인 간의 협력)가 정하는 보건의료인들 간의 상호협력의무의 반영으로 볼 수도 있다.

(2) 의료행위의 시퀀스의 일부로서 원내조제

또한 약사의 조제행위를 조제실이라는 공간에 제한하고, 수술방이나 입원실로 확장하지 않는 더 근본적인 이유가 있다. 약사의 검토기능은 의약품의 '일반적인 특성'에 비추어 오남용 가능성을 분석하는 것이지만, 수술환자나 입원환자에 대한 의약품의 조제·투약의 적정성은 ─단지 정부의 관심처럼 "비용에 대한 상대적인 의료의 효과 또는 편익"[19]의 달성이나 약무감시행정의 관심사인 의약품 오남용의 방지만으로 달성되는 것이 아니라─ 의사가 임상경험을 바탕으로 '개별 환자'의 특정 의약품에 대해 보이는 다양한 고유반응들을 관찰하고, 그 다음의 조제·투약에 신속하게 반영하는 일련의 복수행위를 통해서만 달성되는 것이기 때문이다.

1) 시퀀스로서 원내조제

다시 말해 수술환자나 입원환자에 대한 조제·투약은 '한 번'의 (의사에 의한) 합리적 처방과 약사의 합리적 조제·투약에 의해 끝날 수 없고, 시행과 착오, 교정과 개선이 이루어지는 일련의 과정과 그 속에서 의사와 간호사 등이 분업의 형태로 수행하는 복수의 행위들이 '전체로서' 하나의 의료행위를 형성한다. 이러한 의미에서 입원환자나 수술환자에 대한 조제와 투약은 시퀀스(sequence)로서 의료행위[20]의 일부를 구성한다고 말할

---

19) 이처럼 의료의 적정성 개념은 의료에 관계하는 주체에 따라 다르게 정의될 수 있다는 점에 대한 통찰로 김계현·김한나·이정찬, "국민건강보험법상 평가제도의 문제점과 향후 과제 ─요양급여 적정성 평가를 중심으로─,"『단국대학교 법학논총』(제36권 제2호, 2012), 694~695쪽.

수 있다.

(가) 의료행위로서 원내조제

따라서 수술환자나 입원환자에 대한 조제와 투약은 한마디로 약무행위가 아니라 의료행위가 된다. 왜냐하면 수술환자나 입원환자에 대한 조제와 투약은 진단과 처방, 수술 등 약사의 직능영역에 편입될 수 없는 협의의 고유한 의료행위와 분리될 수 없고, 전체가 하나의 시퀀스(sequence)를 이루는 의료행위를 구성하기 때문이다. 따라서 조제와 투약을 보조하는 간호사의 행위도 보건복지부의 해석[21]처럼 '약무보조행위'가 아니라 시퀀스로서 '의료'보조행위가 된다.

(나) 원내조제의 약무감시

바꿔 말해 수술환자나 입원환자에 대한 원내조제는 (약사 중심적 해석에서 설명했듯이) 약사의 조제권을 의사가 대리 행사하는 것이 아니라, 의사의 고유한 진료권을 환자의 개별적인 특성과 치료상황에 맞게 행사하는 것이 된다.[22] 물론 입원환자에

---

20) 의료행위를 시퀀스로 바라보는 이해로 김나경, "의사의 설명의무와 법적 이해,"『한국의료법학회지』(제15권 제1호, 2007), 7~28쪽, 특히 14쪽 아래 참조.

21) 간호사의 "진료보조 업무라 함은 의료인의 지시, 감독 하에 이루어지는 의료행위 또는 의료행위에 준하는 행위들을 뜻한다 할 것인바, … (중략)…입원실이 있는 의료기관에서의 조제 · 투약 등을 돕는 약무보조행위 등이 있으며, 이러한 행위들이 의사 지시 · 감독 없이 독단적으로 수행될 경우에는 무면허의료행위로서 관련법에 저촉될 것으로 사료됩니다."[보건복지부 홈페이지 의료자원과의 질의응답(2010. 5. 11. 질의 2에 대한 답변)] 참조.

22) 약사법 제23조 제1항과 같은 약사의 조제권 조항은 의약분업 시행

대해 병원 약사가 직접 조제하거나 당일 조제·투약할 약을 체크하여 각 병실에 공급하는 과정을 통해 이 시퀀스로서 의료행위는 약사의 약무감시기능이 작동하는 가운데 이루어지는 것이다. 그러나 이 약무감시기능이 입원환자에 대한 조제와 투약의 오남용을 방지하는 기능은 제한적이다. 수술환자나 입원환자에 대한 조제와 투약의 오남용 방지는 약무감시기능보다는 주로 합리적인 의료분업에 의해 달성될 수 있기 때문이다.

2) 수권규정으로서 제23조 제4항

따라서 제23조 제4항은 의사에게 조제를 예외적으로 허용하는 규정(예외적 허용규정, Erlaubnisvorschrift)이 아니라[23] 의사에게 일정한 범위를 정하여 조제권을 수여하는 수권규정(Ermächtigungsvorschrift)이라고 보아야 한다. 이런 수권규정을 두고 의약분업의 예외라고 말하는 것은 옳지 않다. 또한 약사 조제권 원칙의 예외로서 의사에게 조제권을 부여하는 규정이라고 말하는 것도 적절하지 않다. 원칙과 예외는 외래환자와 입원환자 등의 구분에 의해 조제권이 분배되는 것, 그 이상의

이전의 약사법에서도 있었던 규정으로서 의사의 조제권을 금지하는 조항이 아니라 무면허조제행위를 금지하는 조항이라는 점에서 의약분업 이후에도 의사에게 조제권이 없다고 볼 수 없다는 견해로 이용우, "무면허 의료행위에 대한 형사처벌상의 제 문제,"『재판자료』(제27집), 989쪽.

23) 제23조 제4항을 근거로 의사의 조제권이 없다고 단정할 수 없다고 보지만, 제23조 제4항을 "의사의 조제행위를 예외적으로 허용하는 규정"이라고 보는 정재훈, "약사법 개정과 의약분업,"『저스티스』(제33권 제4호, 2000), 209쪽 참조. 그러나 이처럼 의사의 조제권을 인정하면서 제23조 제4항을 의사 조제의 예외적 허용규정으로만 정의하는 것은 다소 부정합적인 해석이라고 볼 수 있다.

의미를 가질 수 없기 때문이다. 조제권의 원칙적인 약사 귀속, 예외적인 의사 귀속이라는 표현은 약사의 조제권을 강조하는 상징적, 수사적 기능을 할 뿐이다.

3) 약사정원충족여부와 원내조제의 부당허위청구여부 사이의 무관련성

따라서 수술환자나 입원환자에 대한 원내조제에 약사가 직접 개입해야 한다는 생각은 옳지 않다. 여기서 원내조제를 간호(조무)사가 의사의 일반적 지휘·감독에 의해 수행하고, 건강보험수가를 청구한 경우에, 그 청구가 부당 또는 허위청구에 해당하는지를 판단함에 있어, 해당 병원이 의료법 제36조 및 의료법시행규칙 제38조 제2항과 별표 5의2에서 정하는 약사정원을 충족하였는지 여부는 중요한 사항이 될 수 없음을 알 수 있다. 그 이유는 첫째, 약사정원이 충족되었다는 것은 수술환자나 입원환자에 대한 시퀀스적인 의료행위에 보조적인 약무감시의 가능성이 확보되었다는 의미를 가질 뿐이기 때문이다. 게다가 둘째, 현행 의료법시행규칙 별표 5의2가 정한 약사정원, 예컨대 입원환자 30명당(상급종합병원)에서 80명당(300병상 이상 500병상 미만의 종합병원) 약사 1명을 둘 경우에 ─이 정원마저 병원약사의 공급부족과 병원의 재정적 어려움 등으로 인해 제대로 충족하지 못하는 현실에서는 더욱더─ 입원환자에 대한 약사의 약무감시기능이 매우 미약한 것이기 때문이다.

(3) 의약품 오남용을 좌우하는 의료분업의 합리성

그러므로 시퀀스의 의료행위로서 원내조제가 의약품을 오남용하는 것인지, 아니면 환자를 적절하고 유효하게 치료하는 것인지는 주로 의사의 전문성, 의사와 의사, 의사와 간호사 사이의 잘 짜인 의료분업(팀워크)의 성공적 수행 여부에 따라 결정되는 것이다. 그러나 의사의 원내조제가 간호사에게 위임되는 수직적 의료분업에서 의사는 그 위임으로 인해 발생하는 위험을 관리할 의무를 져야만 한다. 의사가 그의 위험관리의무를 정상적으로 이행한다면, (게다가 약사의 약무감시기능이 함께 작동한다면) 수술환자나 입원환자에 대한 조제와 투약에서 의약품의 오남용은 법적으로 허용 가능한 범위에서 통제할 수 있을 것이다.

4. 의 · 약직능을 합리적으로 조정하는 관점의 법적 결론

이상에서 의 · 약직능을 합리적으로 조정하는 관점에서 약사법 제23조 제4항을 해석한다면 다음과 같은 법적 결론이 도출되기 쉽다.

(1) 국민건강보험법적 효과

간호(조무)사가 원내조제를 하고, 요양급여비용을 청구하는 것은 그 조제가 의사와 간호(조무)사 사이의 합리적인 의료분업으로 이루어지는 한 ―그 소속병원이 의료법이 정하는 정원의 약사를 두고 있는지와 상관없이― 특히, 의사가 간호(조무)사에게 조제를 위임하여 발생하는 위험을 관리할 의무를 이행하는 한, 국민건강보험법상 부당 또는 허위청구가 되지 않는다. 반면에 의사가 간호사의 조제에서 발생하는 위험을 관리할 의무를 이행하지 않는 경우에는 요양급여비용의 부당한 청구가 될 수 있다.

(2) 형법적 효과

약사가 원내조제를 하지 않고, 간호사에게 원내조제를 하게
한 후 요양급여비용을 청구하는 의사는 요양급여비용을 편취
한 것이 아니며, 사기의 고의도 인정되지 않는다.

(3) 헌법적 효과

약사법 제23조가 제1항에서 약사의 조제권에는 "직접"이란
문언을 두지 않으면서 제4항에서 의사의 원내조제에는 "직접"
이란 문언을 두는 것은 의약분업에 의한 의·약 간의 직능영
역을 경계지은 결과이므로, 이로써 체계정당성을 해하거나 평
등권을 해치는 것은 아니다. 그러나 합리적인 의료분업의 범
위 내에서 간호사에게 원내조제를 하게 하는 의사의 행위가
약사법 제4항의 "자신이 직접 조제"한 경우에 해당되지 않는다
고 해석하는 한, 의사의 직업권이 침해되어 위헌이 된다. 특히
의사가 손수 조제해야 한다는 의미로 해석하는 한 위헌이 된
다. 따라서 헌법재판소는 약사법 제23조 제4항에 대해 위헌결
정이나 일부위헌결정을 해서는 안 되고, 한정위헌결정을 내려
야 한다.

V. 요 약

지금까지 설명한 세 가지 해석관점의 내용과 그 차이를 요약
하면 다음의 도표와 같이 정리할 수 있다.

해석 관점 비교항목	의사 중심적 관점	약사 중심적 관점	직능의 합리적 조정관점
조제권의 귀속	• 의사의 본원적 의료권	• 약사 전속의 직업권	• 의·약 간의 직능조정 (의·약 간 상호 견제와 보완)
의사의 원내조제 의 성격	• 본원적인 조제 권의 회복 행사	• 약사 전속의 조제권의 대리 행사	• 원외조제는 약 사의 조제권을, 원내조제는 의사 의 조제권(진료 권)을 각자 행사 함
약사법 제23조 제 4항이 의약분업의 예외 인지 여부	• 의약분업의 예 외	• 의약분업 체제 하의 예외적 허용 규정(Erlaubnis- vorschrift)	• 의약분업 체제 하의 수권규정 (Ermächtigungs- vorschrift)
간호(조무)사의 조제행위	• 진료보조행위	• 약무보조행위 • 의사의 약사 조제권 대리의 대리[복대리]	• 진료보조행위 이면서 약사와의 협업(=약사의 약 무감시기능이 수 반된 분업적 의 료행위)
간호(조무)사의 조제에 대한 의사 의 지휘·감독상 의무	• 광범위한 의사 의 의료분업 재 량권 • (병·의원 구 분 없이) 간호(조 무)사에게 조제 의 포괄적 위임 가능(수직적 의 료분업에서 신뢰 원칙의 완전한 승인)	• 약사의 검토기 능 아래서 의사 의 재량권 영으 로 수축 • ① 의사의 손 수 조제 또는 ② 간호(조무)사의 기계적 이용 조 제[24]	• 간호(조무)사 와의 의료분업이 합리적으로 수행 되기 위한 의사 의 위험관리의무 이행
의사의 환자에 대 한 복약지도	• 설명의무이행 에 통합됨	• 별도의 복약지 도	• 복약지도도 설 명의무에 통합되

			고, 의료분업에 의해 수행될 수 있음
국민건강보험법상 요양급여비용의 부당·허위청구 여부	• 정당한 청구	• 약사정원을 충족하지 못한 경우에는 부당·허위청구	• 합리적 의료분업인 경우(간호사 조제에 대한 의사의 위험관리의무 이행)에만 정당한 청구 • 의사가 위험관리의무 불이행시에는 부당청구
형법상 사기죄 성립여부	• 사기죄 불성립	• 약사정원을 충족하지 못한 경우에는 사기죄에 해당	
"직접 조제" 문언의 위헌성	• 위헌(약사법 제23조 제4항은 일부위헌)	• 합헌	• 한정위헌결정 필요함

---

24) 여기서 ①, ②는 판례(대판 2006도4418)가 의사의 직접 조제에 해당하는 경우로 언급한 ① 의사의 손수 조제, ② 간호사의 기계적 이용 조제, ③ 구체적이고 즉각적인 지휘·감독 또는 그 실질적 가능성(의사의 복약지도를 전제로 한)의 ①, ②를 가리킨다. 이에 관해서 뒤에서 자세히 분석한다.

2 원내조제 규제 법률의 해석과 방법

Ⅰ. 원내조제 규제 법률의 해석과 방법론적 과제

1. 약사법 제23조 제4항의 해석과제

2000.7.1.부터 시행된 의약분업제도는 약사에게 조제권을 귀속시켰지만, 입원환자, 응급환자 또는 주사제를 주사하는 등의 경우에는 의사가 의약품을 조제할 수 있게 하였다.[1]

---

1) 현행 약사법 제23조 【의약품 조제】 ① 약사 및 한약사가 아니면 의약품을 조제할 수 없으며, 약사 및 한약사는 각각 면허 범위에서 의약품을 조제하여야 한다. 다만, 약학을 전공하는 대학의 학생은 보건복지부령으로 정하는 범위에서 의약품을 조제할 수 있다. ④ 제1항에도 불구하고 의사 또는 치과의사는 다음 각 호의 어느 하나에 해당하는 경우에는 자신이 직접 조제할 수 있다. 3. 응급환자 및 조현병(調絃病) 또는 조울증 등으로 자신 또는 타인을 해칠 우려가 있는 정신질환자에 대하여 조제하는 경우 4. 입원환자,「감염병의 예방 및 관리에 관한 법률」에 따른 제1군감염병환자 및 「사회복지사업법」에 따른 사회복지시설에 입소한 자에 대하여 조제하는 경우(사회복지시설에서 숙식을 하지 아니하는 자인 경우에는 해당 시설을 이용하는 동안에 조제하는 경우만 해당한다) 5. 주사제를 주사하는 경우

(1) 무면허의약품조제죄의 처벌

약사법 제23조 제4항의 "자신이 직접 조제"를 어떻게 해석하느냐에 따라 의사가 간호(조무)사에게 의약품의 조제를 위임하는 행위는 약사법 제23조 제1항에 위반하는 무면허의약품조제죄(제93조 제1항 제3호)에 해당할 수 있게 된다.

현행 약사법 제23조 【의약품 조제】 ① 약사 및 한약사가 아니면 의약품을 조제할 수 없으며, 약사 및 한약사는 각각 면허 범위에서 의약품을 조제하여야 한다. 다만, 약학을 전공하는 대학의 학생은 보건복지부령으로 정하는 범위에서 의약품을 조제할 수 있다.
④ 제1항에도 불구하고 의사 또는 치과의사는 다음 각 호의 어느 하나에 해당하는 경우에는 자신이 직접 조제할 수 있다.
제93조 【벌칙】 ① 다음 각 호의 어느 하나에 해당하는 자는 5년 이하의 징역 또는 2천만원 이하의 벌금에 처한다.
3. 제23조 제1항을 위반한 자

(2) 사기죄와 부당이득환수 및 과징금 처분

또한 그 해석의 방향에 따라 간호(조무)사가 위임받은 조제와 투약에 대한 요양급여비용의 청구도 국민건강보험법상 부당 또는 허위청구에 해당하여, (조제비뿐만 아니라 약제비까지) 부당이득으로 환수(제57조 제1항)되고, 업무정치처분(제98조 제1항)을 받거나 그에 갈음하는 과징금(제99조 제1항)까지 부과될 수도 있게 된다.

형법 제347조 【사기】 ① 사람을 기망하여 재물의 교부를 받거나 재산상의 이익을 취득한 자는 10년 이하의 징역 또는 2천만원 이하의 벌금에 처한다.
② 전항의 방법으로 제삼자로 하여금 재물의 교부를 받게 하거나 재산상의

이익을 취득하게 한 때에도 전항의 형과 같다.

국민건강보험법 제57조【부당이득의 징수】 ① 공단은 속임수나 그 밖의 부당한 방법으로 보험급여를 받은 사람이나 보험급여 비용을 받은 요양기관에 대하여 그 보험급여나 보험급여 비용에 상당하는 금액의 전부 또는 일부를 징수한다.

제98조【업무정지】 ① 보건복지부장관은 요양기관이 다음 각 호의 어느 하나에 해당하면 그 요양기관에 대하여 1년의 범위에서 기간을 정하여 업무정지를 명할 수 있다.

1. 속임수나 그 밖의 부당한 방법으로 보험자·가입자 및 피부양자에게 요양급여비용을 부담하게 한 경우

제99조【과징금】 ① 보건복지부장관은 요양기관이 제98조 제1항 제1호에 해당하여 업무정지 처분을 하여야 하는 경우로서 그 업무정지 처분이 해당 요양기관을 이용하는 사람에게 심한 불편을 주거나 보건복지부장관이 정하는 특별한 사유가 있다고 인정되면 업무정지 처분을 갈음하여 속임수나 그 밖의 부당한 방법으로 부담하게 한 금액의 5배 이하의 금액을 과징금으로 부과·징수할 수 있다. 이 경우 보건복지부장관은 12개월의 범위에서 분할 납부를 하게 할 수 있다.

제115조【벌칙】 ② 다음 각 호의 어느 하나에 해당하는 자는 1년 이하의 징역 또는 1천만원 이하의 벌금에 처한다.

5. 거짓이나 그 밖의 부정한 방법으로 보험급여를 받거나 타인으로 하여금 보험급여를 받게 한 자

(3) 도산 위기에 처하는 중소병원들

그에 따라 중소병원의 경우에는 도산의 위기에 내몰리게도 된다. 게다가 의료기관의 원장은 형법상 사기죄(제347조)로 처벌받을 수도 있다. 다음의 사례는 이와 같은 제재가 이루어진 대표적인 경우이다.

사례 1

G 병원은 15개 진료과목 13개 진료과와 인공신장 전문센터 등 7개 전문센터와 200병상의 규모를 갖추었고, 병원조직상 간호부가 독립되어 있고, 간호부 밑에 신장센터간호팀, 수술실간호팀, 3개의 병동마다 각각의 간호팀, 응급실간호팀, 외래간호팀으로 나누어져 있으며, 간호부장 1명, 수간호사 6명, 간호사 20명, 간호조무사 50명 등 총 77명의 간호인력을 갖고 있다. G 병원은 약사 면허가 없는 조제실 직원 등으로 하여금 의약품을 조제하게 하고, 병실에서 간호(조무)사가 약국에서 올라온 의약품을 조제하였고, 담당 의사는 매일 아침에 당일 투약할 의약품을 간호(조무)사와 함께 총량을 검수하였다. 또한 이 병원 원장 甲은 이러한 원내조제에 대하여 조제료와 약제비 등의 요양급여비용을 청구하였다. 甲은 약사법 제93조 제1항 제3호, 제23조 제1항, 형법 제347조 (사기죄)로 기소되어 벌금형이 선고되고,[2] 확정되었다. 또한 조제료와 약제비 등 지급받은 요양급여비용은 부당청구로 환수되었으며, 이 환수처분에 대한 취소소송은 기각되었다.[3]

2. 해석의 방법에 대한 성찰

약사법 제23조 제4항의 "자신이 직접"이라는 법문언의 해석 여하에 따라서 의약분업 이전부터 그리고 의약분업이 시행된

---

[2] 항소심 판결은 부산지방법원 2012.8.14.선고 2012노367 판결, 상고를 기각한 상고심 판결은 대법원 2013.11.15.선고 2012도10050 판결 참조.

[3] 이에 대한 취소소송의 1심 판결로 서울행정법원 2012.2.3.선고 2011 구합15947 판결, 항소심 판결로 서울고등법원 2013.7.5.선고 2012누 7297 판결, 상고심 판결은 대법원 2013.10.18.선고 2013두14719 판결 참조.

이후에도 오랜 세월에 걸쳐 의사와 간호사의 수직적 의료분업으로 수행해 온 (입원환자나 수술환자 또는 주사제 주사의 경우에) 조제행위가 이렇듯 의료기관의 운명을 좌우하고, 그 원장을 전과자로 만드는 결과를 가져오는 것이라면, 그 해석은 방법론적으로도 깊이 성찰하여 타당성과 적절성을 확보하는 방향으로 이루지게 해야 할 것이다.

(1) 법학방법론(법률해석방법론)의 성찰

그러므로 법학방법론(juristische Methodenlehre)을 사용하여 약사법 제23조 제4항의 "자신이 직접"의 의미를 올바르게 해석하는 길을 모색해보는 작업은 올바른 해석을 위해 꼭 필요하다.

1) 네 가지 해석방법

전통적으로 법률해석방법으로는 문법적, 체계적, 역사적 그리고 목적론적 해석방법(해석규준)이 있다. 아래 II.에서와 같이 이 네 가지 법률해석방법론에 따라 "자신이 직접 조제"를 이해하는 경우에 그 의미가 무엇인지를 밝혀보는 작업은 그 법문언의 올바른 해석을 위한 방법론적 성찰의 필수적인 과정이 된다.

2) 대법원의 방법종합주의

여기서 먼저 기억해야 할 점은 대법원은 이러한 해석방법들 간에 우열을 두지 않고, 종합적으로 사용하는 방법종합주의(Methoden-synkretismus)"4)의 태도를 다음과 같이 취하고 있다는 점이다.

---

4) Horn, "Rationalität und Autorität in der juristischen Argument-ation," *Rechtstheorie* Bd.6 (1975), 147쪽 참조. 이와 정반대의 입장

"법은 원칙적으로 불특정 다수인에 대하여 동일한 구속력을 갖는 사회의 보편타당한 규범이므로 이를 해석함에 있어서는 법의 표준적 의미를 밝혀 객관적 타당성이 있도록 하여야 하고, 가급적 모든 사람이 수긍할 수 있는 일관성을 유지함으로써 법적 안정성이 손상되지 않도록 하여야 한다. 한편 실정법은 보편적이고 전형적인 사안을 염두에 두고 규정되기 마련이므로 사회현실에서 일어나는 다양한 사안에서 그 법을 적용함에 있어서는 구체적 사안에 맞는 가장 타당한 해결이 될 수 있도록 해석할 것도 또한 요구된다. 요컨대 법해석의 목표는 어디까지나 법적 안정성을 저해하지 않는 범위 내에서 구체적 타당성을 찾는 데 두어야 한다. 나아가 그러기 위해서는 <u>가능한 한 법률에 사용된 문언의 통상적인 의미에 충실하게 해석하는 것을 원칙으로</u> 하면서, 법률의 입법 취지와 목적, 그 제·개정 연혁, 법질서 전체와의 조화, 다른 법령과의 관계 등을 고려하는 체계적·논리적 해석방법을 추가적으로 동원함으로써, 위와 같은 법해석의 요청에 부응하는 타당한 해석을 하여야 한다."(대법원 2013.1.17.선고 2011다83431 전원합의체 판결)

이 판례에서 주목할 점은 문법적 해석의 사용방식이다. 문법적 해석은 법률해석을 안내하는 기능(Anleitungsfunktion)과 법률해석의 한계를 설정하는 기능(Grenzfunktion)[5]이 있다. 법원

을 방법엄숙주의(Methodenrigorismus)로 볼 수 있고, 이를 대표하는 민법학자 Canaris, *Systemdenken und Systembegriff in der Jurisprudenz* (1969), 143쪽 아래 참조.

5) 문법적 해석의 한계기능이 모든 다른 해석방법보다 우위에 놓인다고 보았던 F. Müller, *Juristische Methodik*, 2. Auflage (1976), 198쪽 아래 참조. 그러나 독일 학계에서도 문법해석의 한계기능은 더 이상 유지되기 어려운 것으로 받아들여지고 있다. 이에 관한 우리나라 학계의 논쟁으로 신동운·김영환·이상돈·김대휘·최봉철, 『법률해석

은 때로는 문법적 해석의 한계기능을 강조하기도 하지만, 때로는 법률해석을 안내하는 기능으로만 사용하기도 한다. 이로써 문법적 해석의 한계기능이 다른 법률해석방법에 대해 언제나 우위에 있어야 하는 것은 아니라는 결론이 나온다.

(2) 규범영역의 차이에 대한 고려

판례나 보험공단의 실무는 약사법 제23조 제1항 및 제4항에 해당하지 않는 원내조제를 하면, 약사법상 무면허의약품조제죄(제93조 제1항 제3호) 이외에도 형법상 사기죄(제347조)가 성립하고, 국민건강보험법상 부당이득환수처분(제57조 제1항) 등의 요건도 충족된다고 본다. 그러나 약사법과 형법, 국민건강보험법의 해당 법률들은 각기 그 규율목적이 다르고, 그 규율영역도 다르다. 이 점에 대한 고려 없이는 사기죄와 부당이득환수규정의 적용이 부적절하게 될 수 있다. 아래 III. 단락에서는 규범영역이나 보호목적 이론 등을 활용하여 약사법과 형법, 국민건강보험법의 관련규정들의 적용영역에는 차이가 있음을 논증할 것이다.

II. 직접 조제 해석의 법학방법론적 검토

1. 문법적 해석

여기서 "자신이 직접"이라는 문언을 보통사람들은 어떻게 이

의 한계』(법문사, 2000) 참조.

해하는 것일까? 보통사람들의 일상적인 언어사용(용법)에 따른
의미로 법률을 해석하는 것을 문법적 해석(또는 문리해석,
grammatische Auslegung)이라고 부른다.

(1) '자신이 직접'과 '직접'의 동일성

첫째, "자신이 직접"이란 "자신이" 또는 "직접"이라는 문언과
사실상 같다. 즉, "자신이"와 "직접"은 동어반복으로 볼 수 있
다. 왜냐하면 제정 약사법은 "자신이"로, 1963년 전부개정 약사
법은 "자신이 직접"으로 규정하였지만, 그 문언이 의미하는 바
는 전통적으로 승인되어 온 의사의 의료행위권, 즉, 오늘날의
관점에서 표현하면 의약일체서비스를 할 수 있다는 것이었기
때문이다.

1) 자신과 직접의 동어반복성

"자신이"란 사전적 의미로 '스스로', 영어의 self, 독일어의
sich selbst 또는 eigen에 가깝다. 이에 비해 "직접"은 간접의 반
대이며, 독일어로 direkt나 unmittelbar, 영어로도 direct에 해
당한다. 이렇게 보면 얼핏 "직접"은 "자신이"와는 뜻이 다른 것
처럼 보인다. 그러나 직접의 의미는 "중간에 제삼자나 매개물
이 없이 바로 연결되는 관계"(명사적 의미)나 "중간에 아무것도
개재시키지 아니하고 바로"(부사적 의미)를 뜻한다.6) 이를 약사
법에 적용해보면 의사는 약사(의 조제)를 개재시키지 아니하고
바로 조제할 수 있다는 의미가 된다. 이 의미는 다시 의사가 '스
스로 조제할 수 있다'와 같은 의미이다. 사실 직접의 독일어 번

---

6) 출처 네이버 국어사전(http://krdic.naver.com/search.nhn?dic_where=
    krdic&query=%EC%A7%81%EC%A0%91)

역도 selber(자신이)가 될 수도 있고, 영어 번역도 for oneself, by oneself가 될 수 있다.

2) 지시대명사로서 자신의 생략가능성

둘째, "자신이"에서 '자신'은 지시대명사로 볼 수 있다. 자신은 '자기'와 같은 말이고, 자기는 "앞에서 이미 말하였거나 나온 바 있는 사람을 도로 가리키는 삼인칭 대명사"[7]이다. 예컨대 '상돈은 자기가 가겠다고 했다'라는 문장에서 보듯 "의사는……자신이 직접 조제할 수 있다"에서 자신은 '자기'로 그리고 '자기'는 의사를 가리키는 '지시대명사'로 볼 수 있다. 이렇게 보면 "의사는……자신이 직접 조제할 수 있다"는 문장은 "의사는……직접 조제할 수 있다"와 같은 문장이 된다.

> "의사는……자신이 직접 조제할 수 있다"
> "의사는……자기가 직접 조제할 수 있다"
> "의사는………… 직접 조제할 수 있다"

이런 설명에서 "자신이 직접 조제"라고 할 때 '자신'은 동일한 의미를 앞서 되풀이하는 것이거나 생략하여도 이해에 아무런 지장을 주지 않는 지시대명사임을 알 수 있다. 따라서 "자신이 직접 조제"라는 법문언은 1953년의 제정 약사법처럼 "자신이 조제"로 또는 '직접 조제'라는 텍스트처럼 취급할 수 있다. 아래서는 "자신이"와 "직접"을 반복해서 사용하든 그냥 "자신이" 또는 "직접" 어느 하나만을 사용하든 같은 텍스트의 해석으로 논

---

7) 출처 네이버 국어사전(http://krdic.naver.com/search.nhn?query=생기다).

의하는 것이라 보면 된다.

(2) 직접 조제의 일상적인 의미

"자신이 직접"이라는 표현의 일상언어적 의미는 단일하지 않다.

1) 자수(自手)로서 직접

가장 흔하게는 의사가 손수 조제해야 한다는 의미로 해석하곤 한다. 손수란 手라는 한자의 훈(訓, 뜻)과 음이다. 결국 의사는 자기의 손으로 조제를 해야 한다는 것이다. 이를 좀 더 법학용어로 옮겨 보면 형법상 자수범(自手犯)의 자수(自手) 개념으로 이해할 수 있다. 독일어의 eigenhändig에 해당한다. 의사의 직접 조제는 자수에 의한 조제를 말한다고 보는 셈이다. 이렇게 이해한다면 간호(조무)사가 원내조제를 하는 것은 원칙적으로 허용되지 않게 된다. 바꿔 말해 조제의 수직적 의료분업은 허용되지 않는다는 것이다.

2) 구문론적 이해 속에서 직접의 의미론적 재해석

이런 해석에 의하면 제23조 제4항은 "의사는 … 손수 조제할 수 있다"라는 문장이 된다. 그런데 "~할 수 있다"라는 가능형 술어는 손수의 의미를 '간호(조무)사의 조제불허'가 아니라, 약사나 간호(조무)사도 조제할 수 있지만, 의사도 손수 조제할 수 있다는 의미로 생성시킬 수 있다. 따라서 제23조 제4항은 의사가 원내조제를 할 때에는 손수 조제하여야 한다는 의무규정으로 이해되지 않을 수 있다.

3) 문법적 해석의 의미론적·구문론적 불명확성

여기서 언어이론적으로 구문론과 의미론의 우열관계를 고려할 필요가 있다. 만일 "자신이 직접"이란 문언이 구문이나 사용맥락과 무관하게 (존재론적으로, ontologisch) '손수' 또는 자수(自手)의 의미를 갖는다고 본다면, 이 의미론은 앞서 설명한 구문론적 이해와 충돌된다.

그러면 구문론적 이해와 (존재론적) 의미론적 이해 가운데 어느 것을 우선하여야 하는가? 언어이론의 발전사를 여기서 자세히 개관할 수 없지만, 가령 랑그와 빠롤을 구분하는 소쉬르(Saussure)의 언어이론이나 촘스키(Chomsky)의 변형문법이론에서 보면, 구문론은 의미론(과 화용론)에 대해 본질적인 우위를 점한다.[8] 반면에 비트겐슈타인(Wittgenstein)의 사용이론(Gebrauchstheorie)[9]에서는 화용론이 의미론이나 구문론보다 우위를 점한다. 여기서 언어이론들 사이의 진리논쟁에 뛰어들든 그렇지 않든 제23조 제4항은 '문법적으로'만 볼 때 간호(조무)사의 조제를 허용하지 않는 의미로 이해되어야 하는지에 관해 명확하지 않다고 볼 수 있다.

---

8) 이 두 언어학자의 이론에 대한 간단한 소개와 법에서 갖는 의미를 설명한 이상돈, 『기초법학』 제2판(법문사, 2010), 370~371쪽 참조.

9) L. Wittgenstein, *Philosophische Untersuchungen*(Suhrkamp, 1983), 43쪽. 그의 "단어의 의미는 언어 속에서 그의 사용이다"라는 명제는 화용론적 전환을 대표하는 문장이다. 이 이론의 법학적 수용과 의미를 밝힌 이상돈, 『기초법학』 제2판(법문사, 2010), 377~378쪽; 김재원, "법과 언어 - 비트겐슈타인을 중심으로," 『법과 사회』(제30호, 2006), 23~44쪽; 권경휘, "법해석론에 있어서 언어철학의 잘못된 적용에 대한 비판: 후기 비트겐슈타인의 관점에서," 『법철학연구』(제16권 1호, 2013), 43~72쪽 참조.

(3) 의약분업과 의료분업형태에 대한 문법적 해석의 중립성

이 점은 의약분업이 시행되기 훨씬 이전의 약사법, 예컨대 제정 약사법이나 1963년 전부개정 약사법의 문언과 비교할 때 더욱더 설득력을 얻는다. 1953년 제정 약사법 부칙 제59조는 "자신이 조제"라는 문언을, 1963년 전부개정 약사법 부칙 제3조는 "자신이 직접 조제"라는 문언을 두고 있었다. 이 법문언은 의약분업이 시행된 이후의 약사법이나 현행 제23조 제4항의 법문언과 '언어적으로는' 동일하다.

그런데 당시 약사법 부칙의 그와 같은 법문언 아래서 일상적으로 다음 두 가지 의미가 읽혔었다.

- 의사는 입원환자나 수술환자(또는 응급환자)뿐만 아니라 외래환자에 대해서도 의사가 조제와 투약을 할 수 있다
- 의사는 조제와 투약을 간호사와 간호조무사에게 포괄적으로 위임할 수 있다.

다시 말해 "자신이 직접 조제"라는 법문언은 의약일체서비스의 임상현실과 의사의 광범위한 재량권을 인정하는 데 아무런 장애가 되지 않는 의미로 읽힌 것이다. "자신이 직접 조제"라는 법문언을 문리적으로 이와 같이 해석하는 것은 1964년 의료보험제도가 처음 실시된 이후에도 국민건강보험법과 의약분업제도를 전면 실시한 2000.7.1. 이전까지는 그 타당성을 계속 유지해 왔다고 볼 수 있다.

따라서 "자신이 직접 조제"할 수 있다는 법문언의 '문법적 의미'(grammatic meaning)는 조제권이 의사와 약사 중 누구에게 귀속하느냐는 직능영역의 경제설정 문제에 대해서는 물론이

고, 조제와 투약에 대해 의사와 간호(조무)사가 어떤 범위까지 분업관계를 가져도 되는 것인가 하는 문제에 대해서도 중립적인 것이다.

(4) 약사의 조제를 개입시키지 않음(직접 조제의 핵심의미)

그러나 이런 중립성을 이유로 "자신이 직접"이란 법문언이 아무런 의미지시기능도 하지 않는 것으로 오해해서는 안 된다. 직접이라는 개념에서 포기될 수 없는 의미는 누구나 그 개념이 적용된다는 점에 의심을 갖지 않는 대상들의 집합, 즉 방법론적인 용어로 표현하면 개념의 '적극적 후보자'(positive Kandidaten)라고 할 수 있다. 그런데 직접 조제 수권규정들이 같은 문장 속에 약사의 조제권을 인정하는 규정"에(도) 불구하고"라는 문언을 사용한다는 점을 고려해보면, 의사의 직접 조제라는 개념의 적극적 후보자는 바로 의사가 '약사의 조제를 개재시키지 아니하고 바로' 조제하는 경우들을 가리킬 뿐이다. 직접 개념의 반대어는 간접이고, 약사법상 조제를 규율하는 규정[현행 약사법 제23조(의약품조제)]에서 의사의 직접 조제의 반대항은 약사에 의한 조제를 개입시켜 환자에게 투약하게 하는 것을 말한다. 다시 말하면, "자신이 직접"의 문법적 해석에서 포기할 수 없는 의미의 핵심은 약사의 조제와 투약을 개입시키지 않고 의사는 환자에게 조제와 투약을 할 수 있다는 것이다. 제23조 제4항은 의사가 간호(조무)사에게 어떤 범위에서 어떤 방식으로 조제를 위임할 수 있는 것인지에 관해서는 말해 주고 있는 바가 없다.

2. 체계적 해석과 역사적 해석

이처럼 직접 조제라는 문언의 의미가 문법적으로는 명확한 의미인 약사의 조제를 통하지 않는다는 점, 바꿔 말해 의약일체 서비스를 허용한다는 점을 넘어서는 추가적인 의미는 다른 해석방법들(체계적, 역사적, 목적론적 해석)에 의해 밝혀질 수 있다. 먼저 약사법 내에서 의사의 직접 조제조항의 위치가 갖는 의미 (체계적 해석)와 그런 입법으로 입법자가 의도한 바(역사적 해석) 를 고려할 수 있다.

(1) 정책적 이상의 본문과 임상현실의 부칙

체계적 해석과 역사적 해석에서 주목할 점은 먼저 1953년 제정 약사법이나 1963년 전부개정 약사법이 약사의 조제권은 본문에 두고, 의사의 직접 조제권은 부칙에 둔 반면, 의약분업을 도입한 2000년 이후의 약사법에서는 같은 조문에서 항을 달리하여 약사의 조제권(제23조 제1항), 의사의 원내조제권(제23조 제4항)을 함께 규정하고 있는 점이다.

1953년 제정 약사법이나 1963년 전부개정 약사법이 약사조제권을 본문에, 의사의 원내조제권을 부칙에 규정한 것은 조문체계(체계적 해석으)로만 볼 때는 현행 약사법의 조문체계보다 의약분업의 기획을 더 강하게 좇고 있었다고 볼 수 있다. 그러나 현실은 너무나 거리가 멀었고, 법원도 조제권을 의심 없이 의사들의 의료행위에 귀속시켰었다. 그러므로 1953년의 제정 약사법 및 1963년 전부개정 약사법에서 입법자에게 의약분업은 법원칙이 아니라 단지 정책적 이상(ideal)으로 추구된 것이었고, 현실은 입원환자나 수술환자뿐만 아니라 외래환자에 대해서도 의사가 조제와 투약을 제공하는 의약일체서비스의 체제를 받아들인 것이었다. 다시 말해 당시 약사법의 본문(제정 약사법 제18조 제1항, 1963년 약사법의 제21조 제1항)은 서구적 의약분업이라는 정책적 '이상'을 담은 것이었고, 약사법의 부칙은 의약일체서비스의 현실을 '승인'한 것이었다.

(2) 동일 조문의 의미: 직능분배의 원칙과 예외

이에 비해 현행 약사법은 의사의 원내 직접 조제권을 약사의 조제권(제23조 제1항)과 같은 조문(제23조)에 끌어 올려놓고 있다. 이와 같은 체계적 위치의 변화를 통해 입법자는 직접 조제가 의약분업체계 밖에 있는 것이 아니라 의약분업체계 안에 편입되어 있다는 점을 의도했다고 해석할 수 있다. 물론 약사법 제23조 제1항이 약사의 조제권을 인정하고, 제23조 제4항이 의사의 직접 조제권을 인정하는 조문체계는 원칙과 예외, 따라서 제4항은 '의약분업의 예외'를 인정하는 규정이라고 해석할 여지를 준다.

그러나 제23조가 갖고 있는 원칙-예외의 구조는 의약분업의 원칙과 예외가 아니라 직능분배에 관한 원칙과 예외일 뿐이다. 즉, 제23조는 의사와 약사의 직능영역을 배분하고 있는데, 제1항은 조제권을 약사에게 귀속시키는 '원칙'을 규정하는 것이고, 제4항은 수술환자나 입원환자 등에 대한 조제권은 의사에게 귀속시키는 '예외'를 규정하는 것이다. 다시 말해 의사의 '예외적인' 직접 조제는 의약분업의 예외가 아니라 조제권을 약사에게 귀속시키는 직능영역분배의 원칙에 대한 예외일 뿐이다.

(3) 의약품 오남용 방지의 목적에 구속받는 의사의 예외적 직
   접 조제

이처럼 제23조 제4항에 의한 의사의 직접 조제는 의약분업의
예외가 아니므로, 의약분업의 목적인 '의약품의 오남용 방지'와
같은 목적에 여전히 종속되어야 한다.

1) 약무감시기능의 이식

의사의 직접 조제를 의약품의 오남용 방지라는 의약분업의
목적에 구속시키려는 입법자의 의도는 의료법 제36조와 의료
법시행규칙 제38조 제2항이 병원 약사의 정원을 규정함으로써
의사의 직접 조제에 대해서도 약사의 약무감시기능을 수행하
도록 하고 있는 것에서도 확인된다. 그러나 약사의 약무감시기
능이 반드시 수술환자나 입원환자에 대한 조제와 투약을 직접
떠맡는 것을 의미하지는 않는다. 약무감시기능은 입원실이나
수술실에 공급되는 의약품의 약리학적 위험성 등에 관한 관리
를 의미할 뿐이다.

2) '일반적 감독' 하의 간호(조무)사 조제의 불허용

의사의 직접 조제가 의약분업체계에 편입되어 있는 것이고,
의약품 오남용 방지의 목적에 종속되어 있다는 것의 또 다른 실
천적 의미는 제정 약사법의 부칙이 승인한 의약일체서비스에
서 의사가 누려온 조제분업에 관한 광범위한 재량권 가운데, 예
컨대 조제와 투약에 관한 모든 권한을 간호(조무)사에게 포괄적
으로 위임하는 바와 같은 재량권이 더 이상 인정되지 않는다는
점에 있다. 따라서 CCTV로 감시하는 방범활동이나 간호조직
에 대한 관리와 같은 일반적인 감독 아래에서 이루어지는 간호

사의 조제를 제23조 제4항의 의사의 "직접 조제"로 볼 수 없다.

3) 체계적, 역사적 해석의 한계

여기서 제23조 제4항의 체계적 해석과 역사적 해석이 "자신이 직접"이란 문언에 부가하는 의미는 ―즉 예외적으로 의사에게 의약일체서비스를 허용하되, 그 서비스는 의약품의 오남용 방지라는 목적에 구속받게 하는 것은― "자신이 직접"이라는 문언의 적극적인 의미를 고갈시키지는 못한다. 좀 더 적극적인 의미는 목적론적 해석을 통해 밝혀질 수 있다. 또한 체계적-역사적 해석은 입법자 의사의 불확실성으로 인해 제23조 제4항이 직접 조제의 예외적 허용조항인지 아니면 수권조항인지를 밝혀주지도 못한다.

3. 목적론적 해석

"직접 조제"의 좀 더 적극적인 의미는 제23조 제4항의 입법 취지(ratio legis)를 합리적으로 구성함으로써 밝혀질 수 있다.

(1) 두 개의 목적

역사적 해석에 의해 밝혀진 것처럼 의사의 원내 직접 조제가 의약품의 오남용 방지라는 의약분업의 목적에 구속되어야 한다고 해도, 어떻게 그 목적을 달성할 수 있는 것인지, 그 구체적인 방법의 문제가 남는다.

1) 의약품 오남용의 방지와 효율적 치료의 목적

이 문제를 해결하기 위해서는 제23조 제4항을 단지 의약품의 오남용 방지라는 목적을 달성하기 위한 조항으로만 봐서는 안 된다. 제23조 제4항은 수술환자나 입원환자에 대한 조제와 투약이 시행과 착오, 교정과 개선이 이루어지는 일련의 과정과 그 속에서 행하는 복수의 행위들이 전체로서 하나의 의료행위, 즉 시퀀스(sequence)로서 의료행위10)를 이루는 요소라는 점을 승인하는 것이다. 즉, 시퀀스의 의료행위가 효율적인 치료의 목적을 달성하기 위해서는 약사의 조제가 아니라 의사와 간호사 등의 의료분업체제, 즉 의료인들의 팀워크에 의해 조제와 투약이 이루어져야 한다는 것이 제23조 제4항의 또 다른 입법취지가 된다.

2) 의료분업을 통한 목적달성

제23조 제4항의 "자신이 직접"의 의미를 그 조항의 입법취지를 고려하여 해석한다는 것은 곧 의약품 오남용의 방지와 효율적 치료라는 두 가지 목적을 달성하게 하는 방향으로 해석하는 것을 가리킨다. 그런데 의약품 오남용의 방지는 입원환자나 수술환자의 경우에 시퀀스로서 의료행위를 수행하는 의료인들 간의 훌륭한 팀워크에 의해서 방지할 수밖에 없다. 왜냐하면 약사의 의약품에 대한 검토기능은 의약품의 '일반적인 특성'에 비추어 오남용 가능성을 분석하는 것이지만, 수술환자나 입원환자에 대한 의약품의 조제·투약의 적정성(오남용이 없음)은 의사가 임상경험을 바탕으로 '개별 환자'의 특정 의약품에 대해 보이는 다양한 고유반응들을 관찰하고, 그 다음의 조제·투약

---

10) 의료행위를 시퀀스로 바라보는 이해로 김나경, "의사의 설명의무와 법적 이해,"『한국의료법학회지』(제15권 제1호, 2007), 7~28쪽, 특히 14쪽 아래 참조.

에 신속하게 반영하는 시퀀스적인 복수의 의료행위를 통해서
만 달성되는 것이기 때문이다. 여기서 "자신이 직접"을 목적론
적으로 해석한다는 것은 시퀀스적인 의료행위로서 원내조제가
어떤 의료분업에 의해 수행되어야 하는지에 관한 규범적인 판
단을 내리는 것이라 할 수 있다.

(2) 원내조제에 대한 대법원의 의료분업 기획

대법원은 약사법 제23조 제4항의 입법취지를 고려한다면, 의
사가 손수(自手) 조제하는 경우만 의사가 "자신이 직접 조제"한
것으로 볼 수 있다고 보지는 않는다. 즉, 간호사의 분업적 형태
로 의사가 "직접조제"를 수행할 수 있다고 본다.

1) 직접 조제의 3가지 형태

조제에서 의사와 간호사의 분업적 수행에 관한 대표적인 판
결로 다음을 들 수 있다.

"의사의 의약품 직접 조제가 허용되는 경우에, 비록 의사가 ⓐ
자신의 손으로 의약품을 조제하지 아니하고 간호사 또는 간호조무
사로 하여금 의약품을 배합하여 약제를 만들도록 하였다 하더라도
ⓑ 실질적으로는 간호사 등을 기계적으로 이용한 것에 불과하다면
의사 자신이 직접 조제한 것으로 볼 수도 있다고 할 것이지만, 의사
와 약사가 환자 치료를 위한 역할을 분담하여 처방 및 조제 내용을
서로 점검·협력함으로써 불필요하거나 잘못된 투약을 방지하고
의사의 처방전을 공개함으로써 환자에게 처방된 약의 정보를 알
수 있게 하려는 의약분업 제도의 목적 및 취지, 이를 달성하기 위한
약사법의 관련 규정, 국민건강에 대한 침해 우려, 약화(藥禍) 사고
의 발생가능성 등 여러 사정을 종합적으로 고려해 볼 때, ⓒ '의사

의 지시에 따른 간호사 등의 조제행위'를 '의사 자신의 직접 조제행
위'로 법률상 평가할 수 있으려면 의사가 실제로 간호사 등의 조제
행위에 대하여 구체적이고 즉각적인 지휘·감독을 하였거나 적어
도 당해 의료기관의 규모와 입원환자의 수, 조제실의 위치, 사용되
는 의약품의 종류와 효능 등에 비추어 그러한 지휘·감독이 실질
적으로 가능하였던 것으로 인정되고, 또 의사의 환자에 대한 복약
지도도 제대로 이루어진 경우라야만 할 것이다(대판 2006도
4418)."

이 판례에서 ⓐ, ⓑ, ⓒ 부분은 약사법 제23조 제4항의 "직접
조제"라는 문언의 사용규칙(Gebrauchsregeln)을 정립하고 있다.
대법원이 세운 이 사용규칙에 따르면 다음 세 가지 경우에는 의
사가 "자신이 직접 조제"한 경우에 해당하는 것이 된다.

　ⓐ 의사의 손으로 한 조제
　ⓑ 간호(조무)사를 기계적으로 이용한 조제
　ⓒ 의사의 복약지도를 전제로 하고 의사의 '구체적이고 즉각적인 지
　　 휘·감독 또는 그 실질적 가능성' 아래서 하는 간호(조무)사 등의 조
　　 제

2) 수직적 의료분업이 아닌 직접 조제의 두 가지 경우

이 판례에서 ⓐ 의사의 손수(또는 自手) 조제는 직접 조제의
가장 좁은 의미이고, 문법적 해석이 밝혀주는 최소한의 의미이
기도 하다. 또한 ⓑ 간호(조무)사를 기계적으로 이용하여 조제
한다는 것은 의사가 같은 공간에서 간호(조무)사에게 구체적으
로 지시하고, 간호(조무)사가 그에 따라 조제를 하는 경우를 가
리킨다. 마치 조제의 수행은 의사가 하고, 간호(조무)사는 그의

수족이 되어 그 수행을 돕는 형상을 가리킨다. 이때 간호(조무)사는 일종의 이행보조자와 같은 지위에 머무른다. 이를 의료법 이론의 관점에서 보면 '간호(조무)사를 기계적으로 이용하는' 조제는 의사와 간호(조무)사 사이의 수직적 의료분업에 해당하는 형상이 아닌 경우이며, 따라서 의사는 기계적으로 이용하는 간호(조무)사에 대하여 지휘·감독을 할 여지도 없는 경우가 된다.

3) 수직적 의료분업 형태의 직접 조제

이에 비해 판례에서 ⓒ의 경우는 약사법 제23조 제4항의 "직접 조제"가 의사와 간호사 등 사이의 수직적 분업(vertikale Arbeitsteilung)의 형태로 수행되는 경우를 가리킨다. 수직적 의료분업은 의사가 간호사에게 특정한 의료행위를 위임하는 것을 허용하면서, 그 대신 그 위임으로 인해 등장할 수 있는 특별한 위험원을 관리할 의무를 부담하는 것을 말한다. 판례는 그러한 위험관리의무의 내용으로 두 가지 즉, "구체적이고 즉각적인 지휘·감독"과 의사의 환자에 대한 복약지도를 제시하고 있다.

4) 현대의료의 패러다임으로서 합리적 의료분업

이처럼 위험관리의무를 제대로 이행하면서 간호사가 의사의 의료행위 일부를 위임받아 그 행위를 하는 것을 '합리적인 의료분업'이라고 부를 수 있다. 여기서 '합리적'(rational)이라고 부르는 까닭은 그런 분업은 많은 환자를 동시에 치료해야 하는 임상현실에서 의료자원의 투입 대비 산출을 높이는, 즉 효율성을 높이는 것이면서, 동시에 의료의 질도 높이는 현대의료의 패러다임이 되고 있기 때문이다. 그렇기 때문에 대법원도 조제를 간호(조무)사에게 위임한 의사가 그 두 가지의 위험관리의무(구체적 지휘·감독과 복약지도)를 이행하는 한, 간호(조무)사의 조제를 법률상 의사의 "직접 조제"로 평가하고 있는 것이다.

5) 목적론적 해석의 결론으로서 합리적인 조제분업

이처럼 수직적 의료분업의 형태로 의사의 "직접 조제"가 이루어질 수 있다는 점은 앞서 살핀 문법적 해석이나 체계적 해석 또는 역사적 해석으로는 밝혀지지 않고, 목적론적 해석을 통해서 밝혀지는 것이라 할 수 있다. 다시 말해 문법적 해석의 최소 결론처럼 의사의 손수 조제는 직접 조제의 대표적인 경우이지만, 직접 조제의 의미가 체계적, 역사적 해석에 의한 결론처럼 단지 조제를 간호사에게 포괄적으로 위임해서는 안 된다는 소극적 요청에 머무르는 것이 아니라, 목적론적 해석은 의사가 간호사에게 조제를 위임하되, 그 분업으로 인한 위험을 관리하는 '합리적 의료분업'이 되도록 해야 한다는 적극적 요청을 하고 있는 것이다.

4. 결 론

이상의 분석에서 대법원이 법률해석방법론에 대해 취한 방법종합주의를 약사법 제23조 제4항 "자신이 직접 조제"라는 문언의 해석에 적용한다면, 각 해석방법에 따른 결론이 다음의 도표와 같은 내용으로 도출되기 쉽다.

결국 의사는 제23조 제4항을 근거로 원내조제를 ① 손수하거나 ② 간호사를 수족처럼 이용하여 하거나 ③ 적어도 조제위임에 따른 의약품의 오남용을 방지할 수 있는 형태의, 즉 합리적

법문언	해석방법	해석의 결과내용	목 적
약사법 제23조 제4항의 "자신이 직접 조제"의 의미와 다원적 해석층 (=①+②+③)	목적론적 해석	③ 합리적 범위의 (의사와 간호사 등 간의) 수직적 조제분업 (대판 2006도4418: 구체적이고 즉각적인 지휘·감독 하의 간호사 등의 조제와 의사의 복약지도)	③ (의약품 오남용 방지 목적과 균형을 이루는) 효율적 치료목적의 달성
	체계적 역사적 해석	② 조제의 포괄적 위임이나 일반적 감독 하의 조제를 허용하지 않음	② 의약분업의 목적(=의약품 오남용 방지)의 달성
	문법적 해석	① 약사의 조제를 개입시키지 않음	① 직능영역의 합리적 분할

인 수직적 의료분업에 의해 수행할 수 있다. 하지만 이 수직적 의료분업의 권리는 제23조 제1항과의 체계적 관계에서 바라볼 때 동시에 의무이기도 하다. 따라서 의사가 지휘·감독함이 없이 간호사에게 조제를 하게 하는 경우에는 제23조 제4항을 위반한 범죄, 즉 제95조 제1항 제3호의 죄가 성립한다. 그러나 판례는 제23조 제4항 위반의 조제분업은 제4항에 의한 수권범위를 넘어선 것이므로, 그 행위는 제23조 제1항에 위반하는 행위이며, 따라서 무면허의약품조제죄(제93조 제1항 제3호)에 해당한다고 본다.

III. 규범영역의 차이를 고려한 법률해석의 방법

1. 규범영역의 차이

의사가 간호(조무)사에게 조제를 하게 하여 투약한 후, 그에

대한 요양급여비용을 청구하여 공단으로부터 그 비용을 지급
받은 행위는 약사법 제23조 제4항의 직접 조제규정에 대한
해석의 방향에 따라 약사법상 무면허의약품조제죄(제93조 제1
항 제3호) 또는 제95조 제1항 제3호의 죄가 성립할 수도 있게
된다.

(1) 규범영역의 차이 고려의 필요성

그러나 약사법상 이와 같은 결론이 나온다고 하여 그 조제와
투약에 대한 요양급여비용의 청구와 수령이 '자동적으로' ①
형법상 사기죄(제347조)가 성립하고, ② 국민건강보험법상 부
당이득환수처분(제57조 제1항)을 받고, 아울러 업무정지처분(제
97조 제1항) 또는 업무정지처분을 갈음하는 (부당하게 부담하게
한 금액의 5배 이하의) 과징금(제98조 제1항)을 부과받는 요건이
충족되는 것은 아니다. 이것은 약사법 제23조 제1항 및 제4항,
형법 제347조, 국민건강보험법 제57조 제1항의 규범영역이 각
기 다르기 때문이다.

(2) 원내조제관련 약사법, 형법, 국민건강보험법의 규범영역
의 차이

1) 규범영역의 개념

여기서 규범영역(Normbereich)이란 법규범이 적용되는 사회
현실을 가리킨다. 방법론적 용어[11]인 규범영역의 개념을 이해

---

11) 이 용어를 창안한 F. Müller, *Juristische Methodik* (1976) 참조. 비슷
하게는 K. Larenz, *Methodenlehre der Rechtswissenschaft*, 1991 참
조.

하기 위해 예를 들어 설명해보자.

㈎ 규범목적에 의한 규범영역의 형성

가령 의사가 지휘·감독을 하지 않은 채 간호(조무)사에게 의약품을 조제하여 환자에게 투약하게 하였는데, 의약품의 제조물결함으로 인해 환자가 상해를 입었다고 하자. 이 경우에 의사는 비록 약사법 제23조 제4항을 위반한 것이지만, 의약품결함으로 인한 약화사고에 대한 법적 책임을 져서는 안 된다. 왜냐하면 제23조 제1항 및 제4항은 의약품의 제조물결함으로 인한 약화사고를 방지하는 목적을 갖고 있지 않기 때문이다. 다시 말해 법률의 목적(입법취지)에 의해서 이해할 때 약사법 제23조 제1항 및 제4항이 규율하는 현실영역에는 약화사고가 들어오지 않는다. 이런 경우에 의약품의 제조물하자로 인한 약화사고는 약사법 제23조 제1항의 '규범영역'에 속하지 않는다고 할 수 있다.

㈏ 규범영역을 설정하는 요소들

물론 규범영역은 단지 그 법률규정의 목적(입법취지)에 의해서만 형성되는 것은 아니다. 그 규정의 문언이나 규정이 형성된 역사적 맥락, 현재의 사회현실이 보여주는 고유한 특성들을 고려할 때 그 규정이 적용되는 것이 적절한지 여부 등 다양한 요소들을 종합적으로 고려하여 정해진다. 그런데 약사법 제23조 제1항 및 제4항의 규범영역(의 특히 외연)을 획정하는 경우에, 앞의 II. 단락에서 본 바와 같이 법문언이나 역사적 맥락 등은 큰 의미를 갖지 못하였으므로 여기서 규범영역은 주로 규범목적 또는 규범의 보호목적, 혹은 형법에서는 (보호)'법익' 등에 의해서 그 외연이 획정된다고 볼 수 있다. 그러므로 이하에서 규범영역이란 개념은 사실상 규범목적(법목적), 보호목적(Schutzzweck),[12] 보호법익(Rechtsgüter) 등의 개념과 동의어로 취급하여도 무방하다.

2) 규범영역의 차이

무면허의약품조제죄(제93조 제1항 제3호)의 구성요건인 약사법 제23조 제1항 및 제4항과 사기죄규정인 형법 제347조 그리고 속임수 기타 부당한 방법으로 지급받은 요양급여비용을 환수하는 규정인 국민건강보험법상 제57조 제1항의 규범영역이나 규범목적(보호목적, 보호법익)의 차이를 살펴본다. 먼저 약사법 제23조 제1항 및 제4항은 의사가 하는 원내조제가 효율적 치료의 목적과 동시에 달성하려는 의약품 오남용 방지의 목적을 좇는다는 점은 이미 설명한 바와 같다.

㈎ 사기죄의 규범영역과 보호목적

첫째, 형법 제347조는 재산권의 보호를 목적으로 한다. 따라서 의사의 조제위임이 설령 약사법 제23조 제4항을 위반하더라도 건강보험의 삼면관계에서 보험자나 가입자에게 실질적인 재산상의 손해를 가져오지 않은 행위는 제347조의 규범영역 밖에 놓이게 된다. 그러므로 간호(조무)사의 조제와 투약에 대한 요양급여비용의 청구가 부당청구인 경우에 그 청구는 (국민건

---

12) 규범영역의 이론은 형법학에서 널리 인정되고 있는 인과관계에 관한 보호목적이론과 그 성격은 같은 것이라고 볼 수 있다. 이런 시각에서 규범보호목적이론을 설명하는 이상돈, 『형법강의』(법문사, 2010), 221~223쪽 참조.

강보험법의 규범영역에 들어오는 것인 데 비해) "기망"을 요건으로
하는 사기죄의 규범영역 밖에 놓이게 된다. 오로지 허위('속임
수')의 청구로 요양급여비용을 지급받는 경우에만 사기죄의 규
범영역에 들어오는 것이다. 또한 사기죄에 의한 보호는 허위의
청구에 의해 공단의 구체적인 재산이 침해받거나 그 구체적 위
험이 발생하게 된 경우에 국한된다.

(나) 부당이득환수규정의 규범영역

둘째, 국민건강보험법 제57조 제1항은 건강보험의 재정건전
성 유지라는 목적을 좇는다. 바꿔 말하면 동 조항이 보호하는
법익은 국민건강보험관리공단과 건강보험심사평가원이 구축
하는 보험재정의 건전성을 관리(유지·향상)하는 체계의 기능이
라는 '보편적 법익'(Univesalrechtsgüter)이다.[13] 이는 개인적 법
익으로서 형법 제347조(사기죄)의 보호법익인 재산권과 명확하
게 구별된다. 따라서 허위('속임수')의 요양급여비용청구뿐만 아
니라 부당한, 즉 공단의 재정건전성관리체계의 기능을 위태화
하는 일탈행위의 성격을 띠는 요양급여비용청구도 제57조 제1
항의 규범영역에 들어오는 행위가 된다.

---

13) 같은 해석으로 제57조 제1항의 취지는 "바람직한 보험급여체계의 유
   지를 통한 건강보험 재정의 건전성 확보에 있다"고 보는 최계영, "국
   민건강보험의 행정법적 쟁점," 『서울대학교 법학』(제55권 제2호,
   2014), 55쪽 참조; 최계영은 이 밖에도 과잉 원외처방에 대해서도 현
   재 대법원은 약제비의 80%에 해당하는 금액의 보험자에 대한 민법상
   불법행위책임을 인정하고 있지만(대법원 2013.3.28.선고 2009다
   78214 판결 참조), 이런 민사소송을 통한 실질적인 환수보다는 건보
   법상 부당이득환수제도의 확장을 통해 환수하는 것이 타당하다고 주
   장하기도 한다(최계영, 앞의 논문, 59쪽).

여기서 제57조 제1항은 "특수한 형태의 부당이득반환의무에 대한 규정이지 불법행위책임을 묻는 규정이 아니다"(헌재결 2010헌바375)[14]이라는 점에 주의할 필요가 있다. 또한 이러한 부당이득에 대한 환수는 "보험재정의 허용한도 내에서 가입자 등에게 비용과 대비하여 효과적이면서도 의학적으로 안전성과 유효성을 갖춘 진료행위를 요양급여로 제공하고, 그 보험혜택을 모든 국민이 보편적으로 누릴 수 있도록 함으로써 공공복리의 증진을 도모하기 위한"[대판 2010두27639; 2010두27646(병합)] 것이라 할 수 있다.

3) 규범영역의 구분과 중첩

이상에서 설명한 각 법규의 규범영역(보호영역)을 아래 도표가 표현하고 있다. 이 도표에서 약사법 제23조와 관련한 원형은 의사의 조제위임이 제23조 제4항을 위반하는 경우(따라서 실무의 해석으로는 제23조 제4항의 수권범위를 넘어서 제1항을 위반하는 행위를 한 경우)를 가리키며, 형법 제347조[또는 제268조(업무상 과실치사상죄)]에 관련한 원형은 사기죄가 성립하는 경우를

---

14) 헌법재판소는 제57조 제1항(구 제52조 제1항)은 "요양기관이 사위 기타 부당한 방법으로 보험급여비용을 받은 경우에만 징수책임을 지며, 또 요양기관과 아무런 관련 없이 피용자 개인의 잘못으로 보험급여비용을 받아 그 전액을 환수하는 것이 가혹한 경우라면 금액의 전부 혹은 일부가 '사위 기타 부당한 방법'에 해당하지 않는다고 하여 징수를 면할 수 있는 여지를 남겨 놓고 있고, 요양기관이 그 피용자를 관리·감독할 주의의무를 다하였다고 하더라도, 보험급여비용이 요양기관에게 일단 귀속되었고 그 요양기관이 사위 기타 부당한 방법으로 보험급여비용을 지급받은 이상 부당이득반환의무가 있다는 것이므로 책임주의원칙에 어긋난다고 볼 수 없다"고 본다(헌법재판소 2011.6.30. 2010헌바375).

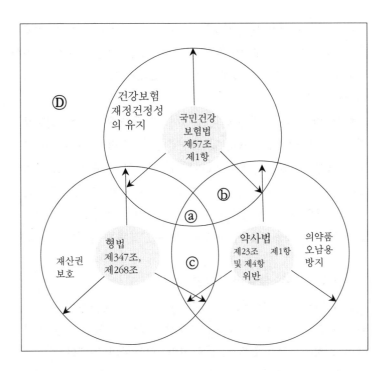

가리키며, 국민건강보험법 제57조 제1항에 관련한 원형은 속임수 또는 부당한 청구를 이유로 공단이 부당이득 징수처분을 할 수 있는 경우를 가리킨다. 이 도표는 각 법률조항들의 규범영역들이 어떻게 구분되고 중첩되는지를 보여준다.

⑺ 제재여부가 명확한 조제분업의 유형

가령 의사가 간호(조무)사에게 조제를 위임하고 "구체적이고 즉각적인 지휘·감독"(대판 2006도4418)을 하면 약사법 제23조 제4항의 의사가 "자신이 직접 조제"한 것으로 인정된다. 이에 따라 그 조제와 사용한 의약품에 대한 요양급여비용을 (요양기관이나 그 대표원장이) 청구하는 것은 정당한 청구이며, 그 비용을 지급받는 것은 부당이득이 아니다. 또한 그런 청구에 의해 사기죄가 성립하지도 않게 된다. 위 도표의 ⓓ는 이런 행위를 나타내고 있다. ·

이에 반해 ⓐ는 약사법의 무면허의약품조제죄, 국민건강보험법상 부당이득환수처분 및 과징금부과, 형법상 사기죄가 모두 성립할 수 있는 경우를 가리킨다. 예컨대 의사가 의료인(간호사, 간호조무사)이 아닌 무자격자(조무사)에게 조제를 위임하여 투약하였고, 그 무자격자가 단순 기계적 공정인 조제를 실수 없이 하여 투약을 받은 환자도 잘 치료된 경우를 들 수 있다.

(나) 지휘 · 감독의무 위반 하의 조제분업

이에 비해 제재가 필요한 가장 대표적인 조제분업의 유형은 의사가 간호사에게 입원환자 등에 대한 의약품의 조제를 위임하면서 지휘 · 감독을 하지 않았지만, 의약품의 조제와 투약은 성공적으로 이루어지고 환자도 통상적인 경과를 보이며 치료되었고, 그 조제와 약제비에 대한 요양급여비용을 청구하여 지급받은 경우이다. 위 도표의 ⓑ가 이런 행위를 나타내고 있다.

또한 ⓒ는 건강보험법상 부당청구는 아니지만, 형법상 업무상과실치사상죄의 규범영역과 약사법의 규범영역에 속하는 경우를 나타낸다. 예컨대 의사가 간호(조무)사에게 조제를 위임하면서 판례가 요구하는 구체적이고 즉각적인 지휘 · 감독을 하였지만, 조제공정에서 간호(조무)사의 실수로 환자에게 약화사고가 발생하여 건강을 훼손한 경우를 들 수 있다.

2. 조제분업에서 지휘·감독 의무위반의 제재와 처벌

의료기관의 조제분업 현실에서 가장 대표적인 일탈행위는 의사가 간호(조무)사에게 입원환자 등에 대한 의약품의 조제를 위임하면서 판례가 요구하는 바와 같은 지휘·감독 의무를 이행하지 않았으면서 조제료와 약제비에 대한 요양급여비용을 청구하여 지급받은 행위(위 도표의 ⓑ)이다. 물론 의약품의 조제는 실수 없이 이루어졌고, 투약도 치료효과를 보았음을 전제로 한다.

(1) 사기죄의 성립여부

사기죄(제347조)는 다섯 가지 요건, 즉 ① 타인을 '기망'하여 ② '착오'를 일으키고, ③ 그 착오에 기하여 '재산처분행위'를 함으로써 ④ 그 타인 또는 제3자가 재산상 '손해'를 입고 ⑤ 그 손해와 동질적인 '이익'을 자기 또는 제3자가 취득한 경우에 성립한다. 물론 형법 제347조는 "재산상의 이익을 취득"하여야 한다는 법문언은 있지만, 재산상 손해가 발생해야 한다는 문언은 없다. 그러나 사기죄에서 재산상 이득은 그것과 자료가 동질인 재산상 손해를 전제로 한다. 따라서 재산상 손해의 발생도 사기죄의 요건이 된다.

1) 판례의 사기죄 인정

판례(대판 2006도4418)는 원내조제를 간호(조무)사에게 위임한 의사가 구체적이고 즉각적인 지휘·감독을 하지 않거나 그 실질적 가능성이 없는 경우에는 약사법상 무면허의약품조제죄(약사법 제93조 제1항 제3호)뿐만 아니라 형법상 사기죄도 성립한다고 보았다. 이는 물론 의사가 간호(조무)사에게 조제하게 하는 행위가 의사 "자신이 직접 조제"하는 경우에 해당하지 않는다는 판단이 올바르다는 점을 전제한다. 즉, 법적으로 허용되지 않은 수직적 의료분업으로 조제를 하고 심사평가원에 요양급여비용을 청구하면 그 점을 알지 못하는 담당 직원을 기망한 것이고, 그 기망에 기하여 요양급여비용지급결정을 내리는 재산처분행위를 하고, 공단에서 그 의료기관으로 지급 결정된 금액을 지급(이체)함으로써 사기죄는 완성된다. 이때 요양급여비용지급결정을 내리는 때에 공단은 지급채무가 발생하고(재산상 손해의 발생), 의료기관은 지급받을 채권을 취득함으로써 재산상 이득을 얻는 셈이 된다. 따라서 사기죄는 지급결정이 내려진 때(국민건강보험관리공단에 대한)에 이미 기수에 도달하게 된다. 실제로 지급받는 것은 기수가 아니라 범죄의 완성에 해당한다.

2) 환자에 대한 사기죄의 불성립

그러나 의사와 간호(조무)사 사이의 분업을 통해 조제와 투약을 하고 실제로 환자도 치료효과를 보았다면, 의사는 환자를 피기망자 또는 피해자로 삼는 사기죄를 범한 것이 아니라고 보아야 한다.

㈎ 의료생활세계의 정당한 질서로서 형법

이 점을 이해하기 위해 먼저 형법은 생활세계의 정당한 질서를 이루는 법이라는 점을 간과해서는 안 된다.[15] 형법이 규율하

---

15) 형법이 공동체를 조직화하는 법과 구분하여 생활세계의 정당한 질서라는 법이론적 이해는 하버마스(Habermas)의 의사소통이론에서 근

는 의사와 환자의 관계모형은 생활세계(life world, Lebenswelt)에
서 의사와 환자가 자율적으로 진료계약을 맺고, 그에 따라 서로
에 대해 권리를 누리고 의무를 지는 것이다. 이 관계의 핵심은
의사가 진료를 제공하면 환자는 진료비를 지불하는 관계에 있
다. 가령 사기죄는 의사가 환자를 속이고 제공하지도 않은 진
료를 이유로 진료비를 받는 경우에 성립한다. 그런 기망에 의
해 사기죄의 불법을 구성하는 (반도덕적) 행위반가치와 그 기망
행위에 의해 환자의 재산권이 침해되는 결과반가치가 발생하
기 때문이다. 이와 같은 중대한 일탈행위를 처벌하는 형법은
의사와 환자가 만나는 삶의 영역(의료생활세계)을 정당한 질서
로 형성하는 기능을 수행한다고 볼 수 있다.[16]

그런데 이러한 의료생활세계 내에서 형성되는 의료(계약)관
계에서 '환자의 관심'은 의사가 정확하게 진단하고, 적정한 처
방과 실수 없는 조제를 통해 자신의 질병을 치료하는가에 쏠려
있을 뿐이다.

거지어진 바 있다. 이에 관해 자세히는 Habermas, *Theorie des
kommunikativen Handelns*, Bd.2 (1981), 535쪽; 이를 형법학에 수용
한 이상돈, 『형법학』(법문사, 1999), 46쪽 아래 참조.

16) 의료생활세계는 내가 하버마스의 생활세계 개념을 응용하여, 의료인
격, 의료행위규범, 의료문화라는 구조적 요소에 의해, 의사와 환자가
만나는 사회적 삶의 영역을 가리키는 개념으로 창안한 것이다. 쉽게
이해한다면, 의사와 환자의 만남이 정당한 질서 속에서 이루어지는
삶의 영역을 가리킨다. 이를 위해서는 의사와 환자의 만남은 대화적
소통에 의해 그 관계가 형성되어야 한다. 자세히는 이상돈, 『의료체
계와 법』(고려대출판부, 2000), 5~33쪽을 참조.

(나) 사기죄의 규범영역 밖의 일탈행위로서 지휘 · 감독의무의 위반

그렇기 때문에 국가가 약사법의 직능분배규정을 통해 의사에게 수권한 조제분업의 범위를 넘어섰는지, 즉 판례에 의할 때 의사가 간호(조무)사를 구체적으로 지휘 · 감독을 하지 않았는지는 환자의 진정한 관심사가 아니다. 그런 관심은 의약품 오남용을 '체계적으로'(통계적인 차원에서) 통제 · 관리하려는 국가의 정책적 관심사이다.

또한 그런 관심은 생활세계의 의료관계를 보험자, 가입자, 요양기관의 삼면관계로 구성되는 사회보장적 의료보험체계 속으로 편입시키고, 그 체계의 기능화와 보험재정의 건전성 유지라는 국가의 정책적 목표를 달성하기 위해 —따라서 사기죄의 기망에 해당하는 속임수를 쓰는 청구만이 아니라 단지— '부당한' 청구까지도 부당이득환수(국민건강보험법 제57조 제1항)의 제재를 가하는 국가의 정책적 관심사일 뿐이다. 그렇기 때문에 의사가 조제를 간호(조무)사에게 위임하면서 지휘 · 감독을 제대로 하지 않았다는 점을 이유로 조제와 약제비에 대해 요양급여비용을 청구하고 지급받는 행위는 사기죄에 해당할 수 없다. 다시 말해 환자는 의사가 간호(조무)사에게 조제를 위임하고 지휘 · 감독을 제대로 하지 않았다는 것만으로 사기죄의 피해자이거나 그 피기망자가 되는 것은 아니다.

3) 공단에 대한 사기죄의 성립가능성 검토

물론 사회보장적 의료보험체계 내에서도 각 당사자의 재산을 침해한다면 사기죄가 성립할 수 있다. 특히 의사는 공단을 피해자로 하는 사기죄를 범한 것인지를 검토하여야 한다.

㈎ 사회보장적 건강보험의 삼면관계

이 점을 좀 더 검토하기 위해서는 먼저 보험의 삼면관계를 이해할 필요가 있다. 건강보험체계에서 의료인(법적 주체는 요양기관)은 가입자에게 요양급여를 하고, 가입자는 공단에 보험료와 요양기관에 본인부담금을 각각 내며, 공단은 의료인에게 그가 가입자에게 한 요양급여에 대해 비용을 지급해주는 삼면의 계약관계[17]에 놓인다. 이러한 사회보험법적 계약관계를 통해 환자(가입자)가 의료인에게 의료서비스(요양급여)를 받고 반대급부로 내야 할 금전의 부담이 보험의 위험분산기능을 통하여 줄어든다. 바로 이 점을 제외한다면 건강보험의 사회법적 계약관계는《의료서비스 → 보험료(+ 본인부담금) → 요양급여비용 → 의료서비스》의 순환적인 구조 속에서 재산적 가치를 서로 교환하는 것이라 할 수 있다.

㈏ 재산침해(위험)의 발생여부

사기죄는 그런 재산적 가치에 대한 실질적인 침해 또는 그 위험이 있는 경우에 비로소 적용되어야 한다.

㈀ 재산침해의 전형적 유형

예컨대 실제로 하지 않은 진료를 한 것처럼 허위로 요양급여비용을 청구하는 행위는 그런 침해가 있는 대표적인 경우로서 국민건강보험관리공단에 대한 사기죄가 성립한다. 이에 비해 간호(조무)사에게 조제를 위임하고 의사가 지휘·감독을 하

---

17) 이 계약관계의 성격에 대한 자세한 분석은 이상돈, 『의료체계와 법』(고려대출판부, 2000), 106쪽 아래;『수가계약제의 이론과 현실』(세창출판사, 2009), 83쪽 아래; 이상돈·김나경, 『의료법강의』(법문사, 2013), 248쪽 아래 참조.

지 않았지만, 조제실수를 하지 않아 입원환자 등에 대한 의료행
위의 시퀀스가 정상적으로 이루어진 경우라면 의사는 환자의
본인부담금과 보험료기여분에 상응하는 요양급여를 제공한 것
이며, 공단이 지급한 요양급여비용에 상응하는 요양급여(조제와
의약품 사용)를 제공한 것으로 보아야 한다. 즉, 환자와 공단에 재
산적 손해를 끼친 것이 아니다.

　(ㄴ) 불완전한 조제서비스와 온전한 조제료 지급금의 차이로
서 재산손해

다만 공단과의 관계에서 법적으로 허용된 조제위임을 한 후
지휘 · 감독을 제대로 하지 않은 부분은 약사법 제23조 제1항
및 제4항이 (판례의 해석상) 강제하는 지휘 · 감독의무를 이행하
지 않았다는 점에서 '불완전한' 요양급여의 이행이라고 볼 수
있고, 그럼에도 불구하고 '온전한' 조제료를 청구하고 지급받았
다면, 그 한에서는 공단의 재산을 침해한 것으로 볼 여지가 있
다. 이것은 물론 공단과의 사회법적 계약관계에서 요양기관이
지는 채무가 '결과채무'가 아니라 '행위채무'로서 조제위임시의
지휘 · 감독의무를 포함한다는 해석을 전제로 한다.[이에 관해
자세히는 뒤의 (2)단락 참조.]

　(다) 사기죄의 보호목적 밖의 손해와 불능미수의 가능성

그러나 조제공정에 대한 지휘 · 감독의무의 불(완전)이행은
첫째, 그 작위의무가 약사법 제23조에 의해 의약품 오남용 방
지라는 정책적 목표의 달성을 위한 수단으로 부과된 것이라는
점에서 형법상 사기죄의 보호법익(Rechtsgut)인 재산권의 보장
과 무관하다.

(ㄱ) 불능범과 불능미수의 경계

이처럼 온전한 조제료 지급으로 인한 공단의 손해가 사기죄의 보호영역(Schutzbereich) 밖에서 발생한 손해라면 조제료를 청구하고 지급받은 행위는 사기죄의 요건으로서 '재산상 손해 발생'을 충족시킬 수 없고, 아울러 이와 동전의 양면관계에 있는 재산상 이득의 구성요건표지도 충족시키는 행위가 될 수 없다. 따라서 온전한 조제료 지급을 청구한 의사는 사기죄의 불능범이 되거나, 손해와 이득의 표지를 충족시킬 수 있다는 평가에 의한 위험성이 인정된다면 불능미수범(형법 제27조)이 될 뿐이다.

(ㄴ) 절대적 불능과 법률적 불능설의 적용

불능미수의 성립요건인 "위험성"에 대한 판단기준으로서 프랑스 학자들이 주장한 바와 같은 법률적 불능과 사실적 불능의 구별설에 의하면 여기서는 법률적 불능에 해당한다. 이런 법률적 불능의 경우는 대법원이 말하는 "범죄행위의 성질상 결과발생 또는 법익침해의 가능성이 절대로 있을 수 없는 경우"(대판 2007도3687)에 해당한다고 볼 수 있다. 따라서 지휘·감독 의무를 이행하지 않은 채 간호(조무)사의 조제에 대해 온전한 조제료를 청구하고 지급받는 의사는 사기죄의 불능미수범이 아니라 불능범이 될 뿐이다.

(ㄷ) 추상적 위험설의 적용

그와 같은 조제료 청구를 하는 의사는 온전한 조제료를 지급받을 만한 조제(지휘·감독)행위를 하지 않았음을 알고 있고, 그것이 공단의 재산상 손해를 가져올 수 있다는 점을 알고도 용인한 것이므로 미필적 사기고의가 있다고 볼 수 있다. 그런데 의사는 자신의 조제료 청구로 인해 공단이 입게 될 손해가 사기죄의 보호영역 밖에서 발생하여 법률상 불능이라는 점에 대한 인식이 없었을 것이므로, 그러한 의사의 주관적 인식사실을 기초로 일반인이 예측하여 볼 때 그의 행위에는 공단에 손해를 입힐 가능성, 즉 추상적 위험을 인정할 수 있다. 따라서 온전한 조제료 지급으로 인한 공단의 손해가 설령 사기죄의 보호목적 밖에 발생하는 손해라고 하여도, (추상적 위험설에 의하면) 의사는 사기죄의 불능미수범(형법 제27조)이 성립할 가능성이 열리게 된다.

⒭ 기망 요건의 충족여부

그러나 의사가 간호(조무)사의 조제공정에 대한 지휘·감독 의무를 이행하지 않고 조제료를 청구하는 행위가 사기죄의 불능미수범에 해당하려면 다른 사기죄요건이 충족되어야 한다. 공단의 착오나 재산처분행위로서 조제료 지급결정 등의 요건은 충족되어 있다. 그러므로 남는 요건은 의사의 조제료 청구가 '기망'에 해당하는가 하는 점이다.

㈀ 작위와 부작위의 구분

먼저 의사의 조제료 청구가 작위행위인지 부작위행위인지를 정하여야 한다. 의사는 간호(조무)사로 하여금 일단 판례가 허용하는 위임(수직적 의료분업)의 범위 내에 속하는 조제를 하게 하였으므로 그것에 대해 조제료를 청구하는 작위행위는 기망에 해당한다고 보기 어렵다. 의사는 간호사의 조제에 대한 지휘·감독을 하지 않은 것이고, 이 지휘·감독의무의 불이행 사실을 요양급여비용을 청구할 때 건강보험심사평가원에 고지하지 않은 부작위행위로 볼 수 있다.

만일 조제의 위임이 전면적으로 금지된 사항이라면 조제료 청구행위는 작위행위에 해당한다고 볼 수 있다. 의약품의 위험도에 따라 가령 항암제의 조제와 투약의 경우를 간호사에게 위임하고, 조제료를 청구했다면, 그것은 작위의 기망행위가 된다. 그러나 현실에서 주로 문제되는 사건들은 간호사에게 위임이 허용되는 의약품의 조제에 관련된 것들이다.

(ㄴ) 지휘·감독 불이행사실 고지의 보증인의무와 기대불가능성

따라서 작위의무 또는 보증인의무가 의사에게 인정되어야 한다. 그런 작위의무는 일단 건강보험의 사회법적 계약관계나 요양기관의 지위를 근거로 인정할 수 있을 것이다.

(a) 기대불가능성　　그러나 부진정부작위범에서 작위의무의 위반은 그 작위의무의 이행이 기대가능할(zumutbar) 때에만 사기죄의 구성요건에 해당할 수 있다. 그런데 임상현실에서 의사의 과중한 업무 부담과 오랜 세월 지속되어 온 조제분업의 관행을 고려할 때, 그런 지휘·감독의 작위의무를 문자 그대로 엄격하게 이행하는 것을 기대하기가 불가능하며, 그런 작위의무의 불이행을 요양급여비용을 청구할 때 지휘·감독의 완전성이나 불완전성을 기재하는 절차도 없다는 점에서 건강보험심사평가원에 고지할 작위의무의 이행은 의사에게 기대불가능하다고 볼 수 있다.

(b) 구성요건해당성 배제요소　　또한 이 기대불가능성은 임상현실에서 만일 그와 같이 의사가 조제공정에 대한 지휘·감독을 철저하게 한다면, 평균적인 의사의 수와 진료건수를 고려할 때 환자들에 대한 진찰이나 수술 등의 다른 의료행위를 부실화시키는 더 큰 불이익이 초래된다는 이익형량적 판단에서

보면, 면책요소가 아니라 구성요건해당성을 배제시키는 요소가 된다. 따라서 지휘·감독을 하지 않은 채 간호(조무)사가 한 조제행위에 대해 요양급여비용을 청구하는 행위는 부진정부작위범으로서 사기죄의 구성요건에 해당할 수 없다.

(ㄷ) 동가치성의 흠결

설령 작위의무의 이행이 기대가능하다고 보더라도, 그와 같은 지휘감독을 하지 않았음을 신고할 작위의무의 위반은 진료를 실제로 하지 않고 요양급여비용을 청구하는, 즉 '허위로 요양급여비용을 청구하는 행위'와 사기행위로서의 '동가치성'(同價値性, Gleichwertigkeit)이 있다고 보기는 어렵다. 이는 조제분업의 오랜 임상관행은 대법원이 요구한 '구체적인 지휘·감독'은 하지 않는 것이었다는 점에서 '사회적 상당성'(soziale Adäquanz)이 있는 행위라고 볼 여지도 많기 때문이다. 그와 같은 행위가 약사법과 국민건강보험법의 해석상 부당한 청구라고 판단될 수 있다고 하더라도 그런 행위가 '속임수'를 쓴 청구(허위청구), 즉 사기죄의 기망에 해당할 정도의 반가치적인 것으로 볼 수 없다.

(마) 소 결

따라서 지휘·감독을 하지 않았음에도 간호(조무)사의 조제행위에 대해 온전한 조제료를 청구한 것은 사기죄의 구성요건('기망')에 해당할 수 없다.

(2) 부당이득환수의 필요여부

간호사에게 위임한 조제공정에 대한 의사의 지휘·감독은 약사법 제23조 제4항(및 제1항)이 정한 의무이다. 그러나 이 의무의 위반이 있다고 하여 간호(조무)사가 조제에 대해 조제료를 청구하는 것이 무조건 국민건강보험법상 부당한 청구에 해당하는 것은 아니다.

1) 약사법과 국민건강보험법의 목적 차이

약사법 제23조 제4항은 치료의 효율성[18]과 균형을 이루면서 추구해야 하는 의약품 오남용의 방지라는 목적을 좇지만 국민건강보험법 제57조 제1항은 "국민보건 향상과 사회보장 증진에 이바지"(제1조)하기 위하여 사회보험으로서 의료보험을 실시하는 데 필요한 건강보험의 재정 건정성을 유지함을 목적으로 하기 때문이다. 따라서 부당이득환수의 이유가 되는 청구의 부당성은 ―설령 의약품 오남용에 실질적인 영향을 주지 않았더라도― "요양급여기준에서 요양급여비용으로 지급받을 수 있도록 규정된 기준과 절차를 따르지 않고 그 비용을 청구하여 이를 지급받는 행위"[19]라면 인정될 수 있다. 하지만 의사가 간호사에게 조제를 위임하고 지휘·감독을 다하지 않은 경우에 그에 대한 요양급여비용의 청구가 부당한 것이라고 규정하는 명문

---

18) 약사법 제23조 제4항이 원내조제를 인정하는 14개 항목들 가운데에는 환자의 편의도모(제1호, 제2호, 제10호, 제14호), 의약품 오남용을 하지 않을 것이라는 공공의료기관에 대한 신뢰특권(제6호, 제7호, 제11호, 제12호), 그리고 국가안전보장의 목적(제13호)을 좇기도 한다. 그러나 환자의 편의도모는 거시적으로 보면 치료의 효율성 목적에 이바지하는 것이다. 공공의료기관에 대한 신뢰특권이나 국가안전보장의 목적은 치료의 효율성과 관련이 없다. 하지만 이 항목들은 원내조제에서 의사의 의료분업권에 대한 논의에서 쟁점이 되는 것이 아니므로 논의에서 제외할 수 있다.

19) 최규진, "국민건강보험법 제52조 제1항의 해석에서 판례 동향," 『법조』(제652권, 2011), 231쪽.

조항은 없다.

2) 행위채무와 결과채무

그러므로 해석이 필요하다. 여기서 요양기관과 공단의 사회법적 계약관계[20]에서 짊어지는 채무의 성격을 어떻게 파악하느냐는 제57조 제1항의 요건이 충족되는지 여부를 판단함에 있어 매우 중요하다. 특히 요양기관이 공단과의 관계에서 지는 채무는 민법학의 용어로 '행위채무'인지 또는 '결과채무'인지가 문제이다.

㈎ 행위채무와 결과채무의 구분

'행위채무'란 채무자가 일정한 목적의 달성을 위해 주의와 배려를 다하고, 목적달성을 위해 필요한 모든 수단을 실행할 것을 내용으로 하는 채무를 말한다.[21] 예컨대 프랑스 민법상 사용대차에서 차주의 보관의무(제1880조)를 들 수 있다고 한다. 이에 반해 '결과채무'란 채권자에게 일정한 결과를 발생하게 하는 것을 내용으로 하는 채무이다. 프랑스 민법상 건물임차인의 화재로 인한 책임(제1733조)을 그 대표적인 예로 든다.

---

20) 그러므로 부당이득징수처분에 대한 소송도 행정소송이 된다. 국민건강보험법 제90조(행정소송)도 "공단 또는 심사평가원의 처분에 이의가 있는 자와 제87조에 따른 이의신청 또는 제88조에 따른 심판청구에 대한 결정에 불복하는 자는「행정소송법」에서 정하는 바에 따라 행정소송을 제기할 수 있다"고 규정한다.

21) 여기서 행위채무와 결과채무에 관한 논의는 남효순, "프랑스 민법에서의 행위채무와 결과채무 ─ 계약상 채무의 불이행책임의 체계,"『민사법학』(제13·14호, 1996), 135~164쪽 참조. 특히, 144쪽 아래 참조.

⑷ 결과채무로서 조제와 투약

첫째, 만일 요양기관이 공단에 지는 채무가 결과채무라고 본다면, 의사는 환자에게 효율적인 치료의 목적을 달성하기만 하면 채무를 다한 것이 된다. 따라서 의사가 간호(조무)사에게 조제를 위임하면서 조제공정에 대한 지휘·감독을 하지 않았지만, 실제로 환자에게 의약품이 오남용된 결과가 발생하지 않았고, 치료도 성공적이었다면, 그 요양기관의 조제료 청구는 부당한 청구라고 볼 수 없다.

㈘ 행위채무로서 조제와 투약

둘째, 만일 요양기관이 공단에 지는 채무가 행위채무라고 본다면, 의사는 효율적인 치료의 목적을 달성하기 위해 주의와 배려를 다해야 할 의무를 진다. 따라서 환자에 대한 간호(조무)사의 조제와 투약이 성공적이었어도, 의사가 간호(조무)사의 조제공정을 지휘·감독을 하지 않았다면, 공단에 대한 온전한 조제료 청구에 대응되는 자신의 채무를 다한 것이 아니다. 따라서 온전한 조제료 청구는 부당한 청구가 된다.

3) 생활세계와 의료보험체계의 차이

의사와 환자가 만나는 의료생활세계에서, 특히 환자의 입장에서 보면 요양기관(의사)의 채무는 결과채무에 더 가깝다. 왜냐하면 의사의 조제와 투약이 치료효과를 가져왔느냐가 중요하지, 조제공정에 대해 의사가 지휘·감독을 하였는지는 중요하지 않기 때문이다.

㈎ 약사법과 정합적인 국민건강보험법의 해석

이에 반해 사회보장적 의료보험체계에서, 특히 공단의 입장에서 보면 요양기관(의사)의 채무는 행위채무에 더 가깝다. 공단은 환자를 직접 치료하는 기관이 아니라, 거시적인 관점에서 요양급여의 질을 높이는 관리기능을 수행하는 기관이다. 따라서 공단은 요양기관이 공단이 원하는 요양급여수준의 질을 유지하거나 향상시키기 위한 행위의무를 부담한다고 이해한다. 이때 공단은 그런 행위의무 가운데에는 약사법 제23조 제4항에 의해 간호(조무)사에게 조제를 위임할 때 지휘·감독할 의무가 포함된다고 해석하는 것이다. 왜냐하면 약사법의 의약분업제도를 기능하게 하는 방향으로 국민건강보험법을 해석하는 것은 정합적인(coherent) 해석의 하나로서 특별히 금지될 이유가 없기 때문이다.

㈏ 지휘·감독 의무 위반과 부당한 비용 청구

또한 간호(조무)사의 조제공정에 대한 의사의 지휘·감독 없이 조제료를 청구하는 것을 생활세계를 규율하는 형법의 사기죄(제347조 제1항)에 해당한다고 해석하는 것은 타당하지 않지만, 사회보험의료를 구축하는 국민건강보험법의 부당한 청구(제57조 제1항)에 해당한다고 해석하는 것은 국민건강보험법의 목적에도 부합한다는 점에서[22] 타당하다. 따라서 간호(조무)사의 조제공정을 지휘·감독하지 않은 의사는 조제라는 요양급여를 불완전하게 이행한 것이 된다. 다만 이 경우에도 조제라

---

22) 이와 비슷한 관점으로 건강보험법의 취지에 비추어 타당성 결여나 부적당을 포함한다고 보는 정홍기·조정찬, 『국민건강보험법』 제3판 (한국법제연구원, 2005), 507쪽 아래 참조.

는 의료행위의 분업적 실행의 방법과 형태에 관하여 임상현장
에 있는 의사에게 일정한 범위에서는 재량권이 있고, 그 재량권
을 일탈한 부분에 대한 책임은 재량권이 전혀 없는 사항의 경우
와는 좀 다르게 취급되어야 함에 주의해야 한다. 즉 법원이 말
하는 "구체적이고 즉각적인 지휘·감독"을 하지 않은 경우라도
해당 병원의 임상현실에서 의사는 가용인력의 효율적 운용을
통해 전체 환자에게 최선의 진료를 제공하는 데 적합한 분업의
형태와 방식을 선택한다는 점을 고려해야만 한다. 바꿔 말하
면, 부당이득환수제도의 운영에서도 공단의 재정(건전성)뿐만
아니라 환자의 건강권과 의사의 재량권 등을 종합하여 고려해
야 한다는 것이다.[23)]

4) 부당이득환수의 범위

간호사에게 조제를 위임하면서 지휘·감독을 하지 않은 채
공단에 청구하여 지급받은 조제료와 약제비 등의 요양급여비
용 가운데 공단이 환수해야 하는 금액의 범위는 어디까지인가?
이 점은 부당이득환수제도의 성격에 대한 이해에 의해 좌우될
수 있다. 부당이득환수제도는 민법상 부당이득과 동일한 제도
는 아니지만, 완전히 별개의 제도가 아니다. 즉, 부당이득환수
제도는 민법상 부당이득(제741조)의 법리가 사회법적 차원으로
변모한 것이며, 그 과정에서 "법률상 원인 없이" 이외에 "속임
수나 그 밖의 부당한 방법으로"라는 표지가 (대체가 아니라) '추
가'된 것으로[24)] 볼 수 있다.

---

23) 이러한 취지와 비슷하게 도재형, "국민건강보험법상 요양기관에 대
한 부당이득금환수처분 취소소송에서의 쟁점," 『노동법학』(제42호,
2012), 374쪽 참조.

그 밖에 국민건강보험법상 부당이득환수제도는 민법상 부당이 득과 다음과 같은 여러 가지 측면에서 차이가 있다. 이러한 차이점들은 부당이득환수제도가 공법상의 제도임을 보여준다.

	민법상 부당이득	국민건강보험법상 부당이득
적용대상	제한 없음	보험급여 또는 그 비용에 관한 이득
청구권자	손해를 입은 자	공단 (손해를 입은 자가 수진자인 경우도 포함25))
연대책임	부당이득을 얻은 자만 책임	면허를 대여받아 개설한 의료기관, 약국 등과 그 개설자의 연대(제57조 제2항) 거짓증명 등으로 보험급여를 받은 자와 거짓 증명을 해준 자 등(제3항)
지연이자	법정이율 연 5%	납부기한이 지난 날부터 이자에 해당하는 연체금을 100분의 3, 1개월 경과마다 100분의 1을 가산하되 최대 100분의 9까지(제80조)
강제집행 방법	민사집행법	국세체납체분의 예(제81조)
권리구제	민사소송절차	이의신청, 행정심판 불복자의 행정소송절차(제90조)

따라서 사회법적 변용이 필요한 범위에서는 민법상 부당이 득과 다른 규율이 이루어지지만, 그런 변용이 필요하지 않은 범위에서는 민법상 부당이득의 법리는 국민건강보험법상 부당이득의 법리에도 준용될 수 있다.

---

24) 이와 비슷하게 "민법상 부당이득의 법리에서 출발하되 그 요건에 있어서 '사위 기타 부당한 방법'이 부가되었다"고 보는 최규진, "국민건강보험법 제52조 제1항의 해석에서 판례 동향," 『법조』(제652권, 2011), 234쪽 참조.

25) 국민건강보험법 제57조 제5항의 부당이득 대신 징수와 환급 제도를 참조.

㈎ 조제료와 약제비 전부를 환수하는 실무

대법원은 간호(조무)사의 입원환자에 대한 조제·투약의 경우 부당이득환수에 대하여 다음과 같은 입장을 취하고 있다.

"요양기관인 병원을 운영하는 갑 의료법인이, 소속 간호사 을이 단독으로 병원의 입원환자에게 경구 의약품을 조제·투약하였음에도 마치 의사가 조제한 것처럼 의약품비용, 의약품관리료 및 복약지도료 명목의 요양급여비용 등을 청구하여 지급받은 사안에서, 을의 위와 같은 의약품 조제행위는 약사법 위반에 해당하는 위법한 것으로서 그에 실제로 소요된 비용이 있다고 하더라도 이를 요양급여비용이나 의료급여비용으로 청구할 수 없고, 따라서 국민건강보험공단 등이 을의 조제행위에 따라 갑이 요양급여비용 등으로 지급받은 금액 전부를 부당이득으로 삼은 것은 부당하지 않다."(대판 2010두26315)

"약제지급비용을 구성하는 여타 항목들, 즉 약제비, 복용지도료 등은 모두 적법한 조제행위가 있음을 전제로 청구되어야 하는 것들이고, 따라서 무자격자가 의약품을 조제하고 투약한 행위에 대하여 약사 또는 의사가 조제한 것처럼 요양급여비용을 청구하여 지급받았다면 부당금액은 조제행위와 관련하여 피고로부터 수령한 요양급여비용 전체라고 보는 것이 상당하다."(대판 2010두22818)

㈀ 원상회복

그러니까 판례는 의사의 지휘·감독이 없는 간호(조무)사의 조제와 투약이 이루어진 경우에 부당이득 환수의 범위를 조제료뿐만 아니라 그 조제에 사용된 약제비나 의약품관리료까지 포함시키고, 더 나아가 입원환자의 경우 설명의무의 이행 속에서 함께 이행되는 복약지도에 대한 복약지도료도 포함시키고 있는 것이다. 이는 부당이득환수제도의 취지를 부당이득의 환수가 아니라 "부당하게 지급된 요양급여비용을 원상회복"[26]하는 데에 있다고 보는 것이라 할 수 있다. 다시 말해 부당이득환수제도를 비용 청구 이전의 시점으로 되돌아가는 조치로 이해하는 것이다. 판례도 다음과 같이 이 점을 인정하고 있다.

"보험급여비용의 징수처분은 관련법령상 요양급여비용으로 지급될 수 없는 비용임에도 그것이 지급된 경우 이를 <u>원상회복시키는 처분</u>으로서 그 요건이나 행사방법 등을 민사상 부당이득반환청구와 동일하게 볼 수 없고, 실제로 이득이 발생하였는지 여부는 고려할 사항이 아니라고 할 것이다."(대판 2010두5271)

(ㄴ) 부당이득환수와 원상회복의 구분

그러나 부당이득의 환수는 요양급여비용 청구 이전의 상태로 '원상회복'(restoration, Wiedergutmachung)하는 것을 목적으로 하는 제도가 아니라 민법상 부당이득(unjust enrichment[27])처럼 법률상 원인 없이 이득을 얻고, 아울러 추가적인 요건으로서 (공단에 비용을 지급받아 손해를 끼치는 과정에서) 속임수나 부당한 방법을 사용한 경우에 그 이득을 환수하는 제도로 이해하여야 한다. 원상회복제도로 이해하면 의사의 지휘·감독 불이행

---

26) 정기종, "국민건강보험법상 부당이득 환수와 제재적 처분,"『글로벌기업법무리뷰』(제7권 제1호, 2014), 28쪽.

27) 이는 법제처 영문법령의 번역례를 따른 것임(http://www.law.go.kr/engLsSc.do?menuId=0&subMenu=5&query=%EA%B5%AD%EB%AF%BC%EA%B1%B4%EA%B0%95%EB%B3%B4%ED%97%98%EB%B2%95#liBgcolor0 참조).

이라는 잘못에 비해 제재가 너무나 크고 중대하여 비례성원칙에 위배되기 때문이다. 의사가 잘못 행한 부분(즉, 지휘·감독의 태만)에 대한 제재로서 의사와 간호사가 제대로 행한 부분(적정한 처방, 실수 없는 조제, 효과적인 치료의 결과)의 '존재' 자체를 제거하는 법은 극도로 부정의한 법이라고 보아야 한다. 법은 존재론적으로 볼 때 한 것을 하지 않았다고 하고, 안 한 것을 하였다고 해서는 안 되기 때문이다. 게다가 국민건강보험법 제57조는 부당이득의 징수라는 표제를 달고 있는데, 이 점 또한 민법상 부당이득법리를 기초로 사회법적인 목적으로 적정한 변용을 하여 운영할 것을 요구한다고 볼 수 있다.

⑷ 부당이득이 아닌 약제비

이런 점에서 의사의 지휘·감독의무 위반으로 요양기관이 부당하게 얻은 이익은 조제료에 국한되어야 하고, 약제비는 제외되어야 한다. 의사가 처방을 하고, 병원약국에서 약사가 처방대로 공급한 의약품을 간호(조무)사가 조제하고 입원환자 등에게 투약하는 경우에 시퀀스로서 의료행위는 크게 의사의 처방 – 조제 – 투약의 과정으로 이루어진다. 이 가운데 ① 조제료 지급청구권의 발생원인이 되는 부분, 즉 의사의 위임(과 지휘·감독)을 받은 간호(조무)사의 조제가 의사의 처방대로 이루어진 부분과 ② 약제비 청구권의 발생원인이 되는 부분, 즉 의사의 처방대로 입원환자에게 의약품이 투약된 부분으로 나눌 수 있다. 이 가운데 ② 부분(투약)은 환자에게 유효한 요양급여였다고 볼 수 있다. 약제비, 즉 약제의 사용에 대한 요양급여비용과 조제'행위'에 대한 요양급여비용, 즉 (조제)행위료는 완전히 구분된다. 따라서 요양기관이 투약한 약제비는 실거래가로 상환하는 것이고, 그 의약품이 환자에게 의사가 처방한 대로 투약된 이상, 요양기관이 공단과의 관계에서 치료에 적정한 의약품을 환자에게 투약할 채무를 정상적으로 이행한 것이며, 따라서 약제비로 지급받은 금액은 부당이득이 될 수 없다.

㈐ 부분적인 부당이득으로서 조제료

이에 비해 ① 부분(조제)은 부당인지가 문제될 수 있다.

㈀ 법률상 원인 없음

민법상 부당이득은 "법률상 원인 없이 타인의 재산 또는 노무로 인하여 이익을 얻고 이로 인하여 타인에게 손해를 가한" (제741조) 경우에 성립한다. 법률상 원인이란 반환의무자의 이익 취득을 ① 법률상 정당화하는 사유 내지 ② 그 이득을 보유할 권원을 말한다. 따라서 이익취득의 정당화 사유 '또는' 이득 보유권원이 모두 없는 경우에만 법률상 원인이 없는 경우로서 부당이득이 된다. 간호(조무)사가 조제를 하였지만, 의사가 지휘·감독을 하지 않은 경우에도 그 조제가 의사의 처방대로 이루어진 것인 한, 조제료 청구의 원인사실로서 조제는 존재한다. 또한 조제라는 요양급여를 한 것이 사실인 한, 그 사실로부터 (민법적 성격의) 요양급여비용채권은 이미 발생한 것이다. 그러나 요양급여비용채권과 요양급여비용청구권은 구별된다.[28] 요양급여비용청구권은 민사적 채권의 성격을 넘어 조제라는 요양급여의 사실에 근거하여 국민건강보험법상 요양기관이 공

---

28) 이런 이해로서 박세창, "요양급여비용채무와 손해배상채권의 상계 ― 「국민건강보험법」 제52조 제1항에 따른 요양급여비용의 환수와 요양급여비용채권의 상계를 중심으로," 『중앙법학』(제14집 제2호, 2012), 73쪽.

단에 그 비용을 청구하고, 건강보험심사평가원의 심사결정에 의해 발생하는 구체적인 '공법상의 권리'(대판 97다4225)[29]이기 때문이다.

(ㄴ) 사회법적 변용의 한계

간호(조무)사에게 조제를 위임하고 지휘·감독을 하지 않은 약사법의 위반은 요양급여의 사실이나 그에 근거한 요양급여비용채권의 발생을 차단하는 것이 아니라, 단지 국민건강보험법상 요양급여비용청구권의 발생범위에 어떤 영향을 미치느냐 하는 문제를 남겨 놓을 뿐이다. 사회법적 청구권과 민사법적 채권의 차이를 어느 범위까지 인정할 것인가의 문제인 것이다.

---

29) "구 의료보호법(1995.8.4. 법률 제4974호로 개정되기 전의 것) 제1조, 제4조, 제6조, 제11조, 제21조, 같은법시행령(1997.2.19. 대통령령 제15279호로 개정되기 전의 것) 제17조 제1항, 제2항, 제21조, 같은 법 시행규칙(1997.9.1. 보건복지부령 제55호로 개정되기 전의 것) 제28조, 제29조에 따른 의료보호의 목적, 의료보호대상자의 선정절차, 기금의 성격과 조성방법 및 운용절차, 보호기관의 심사결정의 내용과 성격, 진료기관의 보호비용의 청구절차 등에 비추어 볼 때, 진료기관의 보호기관에 대한 진료비지급청구권은 계약 등의 법률관계에 의하여 발생하는 사법상의 권리가 아니라 법에 의하여 정책적으로 특별히 인정되는 공법상의 권리라고 할 것이고, 법령의 요건에 해당하는 것만으로 바로 구체적인 진료비지급청구권이 발생하는 것이 아니라 보호기관의 심사결정에 의하여 비로소 구체적인 청구권이 발생한다고 할 것이므로, 진료기관은 법령이 규정한 요건에 해당하여 진료비를 지급받을 추상적인 권리가 있다 하더라도 진료기관의 보호비용 청구에 대하여 보호기관이 심사 결과 지급을 거부한 경우에는 곧바로 민사소송은 물론 공법상 당사자소송으로도 지급 청구를 할 수는 없고, 지급거부 결정의 취소를 구하는 항고소송을 제기하는 방법으로 구제받을 수밖에 없다."(대법원 1999.11.26.선고 97다42250 판결)

(a) 민법적 부당이득의 범위　　먼저 요양급여비용채권의 존재를 고려하여 민법상 부당이득의 범위를 판단할 필요가 있다. 첫째, 의사의 처방대로 조제된 점은 요양기관의 '주된' 급부의무를 이행한 것이고, 그 조제공정을 의사가 지휘·감독하지 않은 점은 '종된'(부수적) 급부의무를 이행하지 않은 것으로 볼 수 있다. 민법상 부당이득은 이 경우에 가령 차액설에 의하면 요양기관이 조제료로 받은 금액과 조제에 지출한 비용(예: 간호사의 봉급 등)의 차액만큼만 부당이득이 된다고 볼 수 있다.

(b) 사회법적 목적달성의 효율화를 위한 부당이득법리의 변용　　국민건강보험법상 부당이득의 법리는 이러한 민법상 부당이득의 법리를 사회보장법적 목적에 맞게 변용함으로써 만들어진다. 여기서 중요한 문제는 종된 급부의무(불이행으로 인한 요양기관의 이득)에 한하여 성립하는지 아니면, 주된 급부의무(로 인한 요양기관의 이득)에 대해서도 성립하는가라는 점이다.

판례는 국민건강보험법 제57조 제1항의 목적인 건강보험 재정건전성의 유지·강화[30]를 위해서는 조제료 전부(그리고 심지어 약제비까지)를 부당이득으로 본다. 이런 해석은 사회법으로서

---

30) 수진자의 손해에 대해서도 공단이 부당이득반환을 받아 주는 제도(제57조 제5항)에 비추어 "공단이 보험자로서 요양급여비용의 부당한 지출을 방지하여 가입자 등의 수급권을 보호하는 등 질서를 유지하기 위한 공단의 책무, 즉, 행정법상 요구되는 법치주의 원칙을 실현하기 위해 존재하는 규정이라고 보는 것이 상당하다"는 견해[정기종, "국민건강보험법상 부당이득 환수와 제재적 처분," 『글로벌 기업법무리뷰』(제7권 제1호, 2014), 14쪽]도 있다. 그러나 수진자의 수급권 보호는 국민건강보험법과 체계의 목적이기는 하지만, 제57조의 목적으로서는 재정건전성이라는 거시적 목적에 포함되는 것으로 볼 수 있다.

국민건강보험법의 목적달성의 효율화를 도모한 해석이다. 그러나 부당이득법리의 이와 같은 사회법적 변용(morphosis)이 허용되는 것일까? 물론 이런 해석을 제한할 수 있는 법리는 민법상 부당이득의 제도로부터 나오지는 않는다.

(c) 비례성원칙의 구속   이러한 해석의 제한은 헌법상 비례성원칙(과잉금지원칙)으로부터 나온다. 국민건강보험법상 부당이득환수도 행정소송의 대상이 되는 처분이고, 따라서 헌법상 비례성원칙에 구속을 받는다고 보아야 한다.

aa) 간호(조무)사의 임금채권의 간접적, 현실적 위태화   간호(조무)사의 조제가 의사의 처방에 따라 정확하게 실행되었는데도, 의사의 지휘·감독 불이행 부분에 해당하는 부당이득을 넘어서 조제료 전부를 부당이득으로 보는 해석은 목적달성을 위해 과잉의 수단에 해당한다. 왜냐하면 무엇보다도 요양급여비용청구권에는 실질적으로는 간호(조무)사를 사용한 비용에 대한 채권, 즉 임금채권31)이 포함되어 있는 것이며, 조제료 전부에 대한 환수는 이러한 임금채권을 간접적으로 그러나 실질적으로 위태화하는 것이기 때문이다. 이 점은 요양기관, 특히 병원들의 만성적 재정적자라는 현실을 고려하면 더욱더 설득력을 갖는다. 이처럼 조제료 전부의 환수가 간호(조무)사의 임금채권을 간접적으로 그리고 현실적으로 위태화시킨다면, 조제료 전부를 환수하는 국민건강보험법상 부당이득환수제도의 운용은 근로기준법의 보호법익을 침범해 들어가는 것이라

---

31) 요양급여비용채권의 임금채권성을 인정하는 박세창, "요양급여비용 채무와 손해배상채권의 상계 ─「국민건강보험법」제52조 제1항에 따른 요양급여비용의 환수와 요양급여비용채권의 상계를 중심으로," 『중앙법학』(제14집 제2호, 2012), 79~81쪽 참조.

고 할 수 있다.

bb) 지휘 · 감독 불이행 부분에 국한한 부당이득환수

그러므로 국민건강보험법상 부당이득은 의사가 간호(조무)사에게 조제를 위임하면서 지휘 · 감독을 하지 않은 부분에 국한되어야 한다. 대법원은 형사재판(대판 2006도4418)에서 의사가 손수 조제하는 경우와 의사의 구체적 즉각적 지휘 · 감독 하에 간호(조무)사가 조제하는 경우를 구분한 바 있다. 의사의 구체적, 즉각적 지휘 · 감독 하의 간호(조무)사의 조제도 약사법 제23조 제4항의 "직접 조제"에 해당한다고 보므로, 부당이득의 범위는 의사가 손수 조제하는 경우의 행위료와 간호(조무)사가 조제하는 경우의 행위료 사이의 질적 차이에 해당하는 부분이 된다. 바꿔 말해 의사가 지휘 · 감독을 하지 않은 채 간호(조무)사에게 조제를 위임하는 위태화 행위로써 요양기관이 얻게 되는 부당이득은 지휘 · 감독에 대한 행위료일 뿐이다.

물론 조제에 대한 지휘 · 감독은 별도의 행위료가 계산되지 않는다. 또한 수직적 의료분업에 의한 조제에 대한 요양급여비용에서 간호(조무)사의 조제행위 부분과 의사의 지휘 · 감독행위 부분이 어떤 비율로 계산되어야 하는지도 정확히 확정할 수는 없다. 그러나 조제료 환수는 공단이 요양기관에게 조제료로

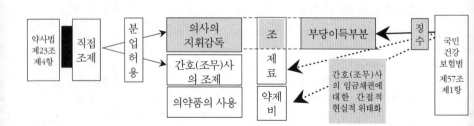

지급한 금액의 일부, 정확히는 의사의 지휘·감독이 결여된 부
분에 대한 질적 평가를 통해 적정한 금액만을 대상으로 삼아야
한다. 국민건강보험법 제57조 제1항도 '보험급여비용에 상당하
는 금액의 일부'를 징수할 수 있게 하고 있다.

3 원내조제의 수직적 분업과 감독의무

Ⅰ. 원내 직접 조제의 의미가 제기하는 문제

1. 직접 조제의 단어사용규칙

입원환자나 주사제를 주사하는 경우 등에서 의사의 조제는 약사법 제23조 제4항에 의하면 "자신이 직접 조제"하도록 하고 있다. 이 문언의 의미에 관해 대법원은 다음과 같은 판결을 한 바 있다.

"의사의 의약품 직접 조제가 허용되는 경우에, 비록 의사가 ⓐ 자신의 손으로 의약품을 조제하지 아니하고 간호사 또는 간호조무사로 하여금 의약품을 배합하여 약제를 만들도록 하였다 하더라도 ⓑ 실질적으로는 간호사 등을 기계적으로 이용한 것에 불과하다면 의사 자신이 직접 조제한 것으로 볼 수도 있다고 할 것이지만, 의사와 약사가 환자 치료를 위한 역할을 분담하여 처방 및 조제 내용을 서로 점검·협력함으로써 불필요하거나 잘못된 투약을 방지하고 의사의 처방전을 공개함으로써 환자에게 처방된 약의 정보를 알 수 있게 하려는 의약분업 제도의 목적 및 취지, 이를 달성하기 위한 약사법의 관련 규정, 국민건강에 대한 침해 우려, 약화(藥禍) 사고의 발생가능성 등 여러 사정을 종합적으로 고려해 볼 때, ⓒ '의사의 지시에 따른 간호사 등의 조제행위'를 '의사 자신의 직접 조제행위'로 법률상 평가할 수 있으려면 의사가 실제로 간호사 등의 조제행위에 대하여 구체적이고 즉각적인 지휘·감독을 하였거나 적어도 당해 의료기관의 규모와 입원환자의 수, 조제실의 위치, 사용되는 의약품의 종류와 효능 등에 비추어 그러한 지휘·감독이 실질적으로 가능하였던 것으로 인정되고, 또 의사의 환자에 대한 복약지도도 제대로 이루어진 경우라야만 할 것이다."(대판 2006도4418)

따라서 이 판례가 정립한 "자신이 직접 조제"의 사용규칙(Gebrauchsregeln)에 의하면 세 가지, 즉 ① 의사의 손으로 한 조제 ② 간호(조무)사를 기계적으로 이용한 조제 ③ 의사의 복약지도를 전제로 하고 의사의 '구체적이고 즉각적인 지휘·감독 또는 그 실질적 가능성' 아래서 하는 간호(조무)사 등의 조제가 이에 해당한다.

2. 구체적 법규범의 올바름과 적절한 적용의 문제

이러한 단어사용규칙은 법이론적으로는 '구체적 법규범'(konkrete Rechtsnorm)이 된다. 구체적 법규범이란 의회에서 제정되는 형식적 의미의 법률을 추상적 법규범(abstrakte Rechtsnorm)이라고 개념화하는 것에 대응한 개념이다. 대법원이 판시한 "구체적이고 즉각적인 지휘·감독"이 "직접 조제"를 구체화하는 규범(구체적 법규범)이라면 이 규범에 대해서 다음 두 가지 문제가 제기될 수 있다.

- 첫째, 판례가 정립한 "직접 조제"의 단어사용규칙, 즉 구체적 법규범은 올바른(richtig) 것인가?
- 둘째, 판례가 정립한 "직접 조제"의 단어사용규칙, 즉 구체적 법규범이 올바른 해석이라면, 그 사용규칙(구체적 법규범)은 구체적 사안에 적절하게(angemessen) 적용되고 있는가?

그런데 "구체적이고 즉각적인 지휘·감독" 하의 간호(조무)사의 조제란 의사가 간호(조무)사 등과 분업의 형태로 조제를 하는 경우를 가리킨다. 따라서 판례가 정립한 단어사용규칙은 합리적 의료분업의 조건에 관한 것이 된다.

II. 수직적 의료분업(조제분업)에서 의사의 위험관리의무

1. 조제위임에서 의사의 위험관리의무

판례가 "직접 조제"의 단어사용규칙(Regeln des Wortgebrauchs)으로 세운 "구체적이고 즉각적인 지휘·감독"은 의사와 간호사 등 상위와 하위의 의료인들 사이의 수직적 분업(vertikale Arbeitsteilung)에서 발생하는 상위 의료인의 위험관리의무 가운데 하나이다.

(1) 수평적 분업과 수직적 분업의 차이로서 신뢰원칙의 적용

이 수직적 의료분업은 전문의와 전문의 사이의 수평적 분업(horizontale Arbeitsteilung)과 달리 신뢰원칙이 폭넓게 인정되지

않는다. 즉 의사는 간호(조무)사에게 조제를 위임하면서, 간호
(조무)사가 조제업무를 정상적으로 이행할 것을 신뢰하고, 관
리·감독을 하지 않을 수 있는 것이 아니다. 이는 외과전문의
가 수술환자를 마취하면서 마취과전문의에게 마취의 정상적
수행을 완전히 신뢰하고 자신이 맡은 진단과 수술 등에서 발생
한 사고에 대해서만 책임을 지는 것과 구분된다.

(2) 위험관리의무의 네 가지 내용

수직적 의료분업에서 신뢰원칙을 적용하지 않는 것은 하위
의 의료인이 지식과 경험의 부족으로 상위의 의료인으로부터
위임받은 의료행위를 제대로 수행하지 못할 위험이 있기 때문
이다. 그러므로 상위의 의료인은 그 위험을 관리할 법적 의무
를 지게 된다. 그런 특별한 위험원(die bei der Arbeitsteilung
auftetenden besonderen Gefahrenquellen)[1]을 관리할 의무로는
다음 네 가지를 들 수 있다.

① 자질: 간호(조무)사가 분업의 자질을 갖추고 있는가를 심사함
② 위임적합성: 분업의 구체적 내용이 간호(조무)사가 할 수 있는
   일인지를 숙고함
③ 지시내용이해: 간호(조무)사가 지시된 분업의 내용을 제대로 이
   해하고 있는지를 살핌
④ 감독: 간호(조무)사가 지시된 분업의 내용을 제대로 이행하고
   있는지를 감독함

이 네 가지 분업의 요건 가운데 조제와 관련하여 쟁점이 되

---

1) Stratenwerth, Festschrift für Eb. Schmidt, 1961, 393쪽.

는 것은 자질과 감독의 문제이다. 이 문제들은 뒤에 자세히 다루기로 하고, 그 밖의 요소들(①~③요소)을 먼저 간단히 검토해 본다.

2. 조제업무의 자질

첫 번째 분업의 요건인 간호사 등에 대한 조제위임에서 조제를 담당할 자질이 있는지를 심사할 의사의 의무는 1차적으로는 간호사나 간호조무사의 국가자격제도에 의해 일반적으로 이행이 담보되고 있다.

(1) 간호사와 간호조무사의 차이

그러나 여기서 더 나아가 4년제 정규대학을 나온 간호사와 6개월의 학원교육을 받은 간호조무사 사이에 진료보조능력에서 간과하기 어려운 자질의 차이가 있음이 고려될 필요가 있다. 특히 전문간호사(의료법 제78조)의 경우에는 대학원 졸업 학력과 두 번의 국가시험을 치른 전문가로서 의사나 약사에 못지않은 지식과 경험을 갖고 있기도 하다. 따라서 가령 간호사에게는 조제를 위임해도 간호조무사에게는 조제를 위임할 수 없다는 해석을 할 수도 있다.

(2) 간호사와 간호조무사를 구별하지 않는 판례

판례는 "간호사 등"이라는 표현으로 간호사와 간호조무사를 뭉뚱그려 의사와의 조제분업의 허용여부와 그 범위를 정하는 데에 그 둘의 차이를 고려하지 않는 것으로 보인다. 그러나 조제와 관련된 능력은 간호사와 간호조무사 사이에 현저한 차이가 있으므로 이를 고려하지 않고, 의사의 "직접 조제" 여부를 논의하는 것은 너무나 비현실적이다.

(3) 간호사와 간호조무사의 차등화와 신뢰원칙의 적용강도

그러므로 대법원은 의사의 "직접 조제"의 단어사용규칙을 정립할 때 가령 간호사와 간호조무사를 구별할 필요가 있었다고 본다.

의료기관에서 의약품의 조제를 간호사와 간호조무사 가운데 누가 하는지는 의료기관마다 다르다. 그러나 대체로 왼쪽 도표와 같은 모습이 현실일 것으로 보인다.

1) 상급종합병원에서 조제분업과 신뢰원칙의 완전한 적용

첫째, 상급종합병원(예: 대학병원)에서는 간호사와 간호조무사의 업무가 엄격하게 구분되어 있다. 의약품의 조제는 오직 간호사만 담당할 뿐이고, 간호조무사는 필요한 경우 의약품을 약국에서 타오는 등의 단순 노동을 담당할 뿐이다. 더욱이 상급종합병원에서는 전문간호사나 경력 10년을 넘는 주임급(책임급) 간호사도 간호업무에 많이 투입되고 있다. 그런 점에서 의사가 조제를 간호사에게 위임하는 경우에 의사는 간호

	간호사의 조제	신뢰원칙의 적용
상급 종합병원	●	●
종합병원	○ (주로 간호사가 조제)	○
병원	△ (주로 간호 조무사가 조제)	△
의원	×	×

사가 그 조제업무를 정상적으로 수행할 것을 신뢰할 만하다. 바꿔 말해 상급종합병원에서 의사와 간호사 사이의 조제분업에서는 신뢰원칙이 완전하게 적용되어도 무방하다.

2) 의원에서 조제분업과 신뢰원칙의 완전 배제

둘째, 상급종합병원과 정반대로 동네 의원에서 주사를 놓는 의료인은 대개 간호조무사이고, 경력도 매우 일천한 경우가 많다. 그럼에도 불구하고 동네 의원에서는 그런 간호조무사가 주사제를 배합하여 주사를 놓고 있다. 그러나 이런 경우에 의사는 간호조무사의 자질을 고려하여 조제업무를 함부로 위임해서는 안 된다. 다시 말해 의원급에서의 조제분업에 대해서는 신뢰원칙이 완전히 배제된다고 보아야 한다. 따라서 의사는 자신이 손수 조제하거나 간호조무사의 조제를 같은 공간에서 지켜보며 지시하고, 감시하는 감독을 수행하여야 한다. 예컨대 동네 의원에서 주사실이라는 독립 공간에서 간호조무사가 예방백신이나 감기약 주사를 놓는 것은 의사의 "직접 조제"에 해당하지 않는다고 보아야 한다.

3) 병원과 종합병원에서 조제분업과 약한 신뢰원칙의 적용

일반 병원급 의료기관에서는 간호사와 간호조무사가 조제업무를 맡고 있다. 간호조무사가 많을수록 의사의 감독의무는 강해지고, 간호사가 많을수록 의사의 감독의무는 약화된다고 보아야 한다. 이는 신뢰원칙이 적용되지만, 그 강도에 있어서 종합병원급은 강하게, 병원급은 약하게 적용되어야 한다. 하지만 종합병원에 따라서는 상급종합병원처럼 오로지 간호사만 조제업무를 담당하는 경우도 있고, 그런 경우에는 상급종합병원과 같이 완전하게 신뢰원칙이 적용될 가능성이 있게 된다. 물론 뒤에서 설명하듯 간호체계가 얼마나 상급종합병원처럼 전문화가 되었는지가 함께 고려되어 결정되어야 한다.

3. 조제의 위임적합성

수직적 의료분업의 요건 중 두 번째 요건으로 조제는 간호사에게 위임하기에 적합한 의료행위이어야 한다. 판례는 조제를 적어도 ─독일 판례의 예에서 보면 수혈[2]이나 근육내주사[3]와 같이─ 위임이 금지되는 의료행위(Delegationsausschluß)[4]라고 보지는 않는다. 또한 의약분업 시행 이전의 수십 년 동안 그리고 의약분업 시행 이후에도 임상현실에서는 간호사의 조제가 상당한 정도로 널리 행해져 왔다는 점은 조제가 간호사에게 위임하기에 적합하지 않은 의료행위가 아니라는 점을 검증해 보였다고 할 수 있다. 그러므로 법원의 입장에서 의사가 간호사에게 입원환자 등에 대한 조제를 위임하는 것이 아직 불확실하기 때문에, 의약품 사용의 안전을 위해 그런 위임을 금지하는 쪽으로 해석할 필요가 없게 된다. 행정법학적인 용어를 빌리면 "의심스러우면 안전에 유리하게"(in dubio pro securitate) 원칙이

---

2) 독일에서는 수혈을 위임이 금지된 의료행위로 보지만(BGH Urt.v. 6.6.1967 1StR 131/67), 우리나라 대법원은 금지는 아니고, 간호사와의 수직적 의료분업을 하되, 충분한 지도·감독을 할 의무를 부과하고 있다(대판 97도2812).

3) 이에 관한 독일판례는 위임금지를 인정하기도 하고(BGH NJW 1979, 1935), 인정하지 않기도 한다(BGH NJW 1981, 628).

4) 이에 관하여 Laufs u.a., *Handbuch des Arztrechts* (1992), 640쪽 아래.

적용5)되지 않는 영역이다. 이 점은 조제의 위임 자체뿐만 아니라 위임을 하는 경우 의사의 지휘·감독이 대법원이 요구하는 바와 같이 "구체적이고 즉각적인 지휘·감독"이어야 할 필요가 있는지에 대해서도 의문을 갖게 한다. 특히 상급종합병원에서 보듯 간호조직의 전문화와 체계화를 통해 간호사의 조제공정이 시스템적으로 관리·감독되고 있다고 볼 수 있기 때문이다.

4. 지시내용이해 요건의 충족

다음으로 세 번째 분업의 요건인 지시내용의 이해도 조제업무에서는 특별히 문제가 되지 않는다. 왜냐하면 의약품을 배합하거나 밀봉하는 등 단순하고 기계적인 내용이라는 점에서 특별히 문제가 되지 않기 때문이다. 특히 항암제 등의 고위험도 의약품의 경우 임상의 현실은 의사가 직접 조제하고 투약하고 있다.

(1) 시퀀스의 의료행위 위임이 아닌 조제의 위임

여기서 종합병원의 조제와 투약의 시퀀스를 간단히 개관할 필요가 있다. 의사가 환자를 진단하고 처방을 하면 그 처방은 전자적인 처방전달시스템(OSC)에 의해 약사에게 전달되고, 약사는 매일 개별 환자가 매회 먹는 경구약을 혼합하고 밀봉하여 병실에 공급하거나 처방된 약의 총량을 병실에 공급하고, 병실 간호사가 그 약을 매회 먹을 양으로 혼합하고 밀봉하여 환자에

---

5) 이런 원칙의 관점에서 약사법을 위험행정법으로 바라보는 김중권, "리스크 행정법으로서의 약사법의 의의에 관한 소고," 『중앙법학』(제7집 제1호, 2005), 139~158쪽, 특히 156쪽 참조.

게 투약을 한다. 투약한 후 간호사는 환자의 상태변화를 지속적으로 관찰하고 의사에게 보고하며, 의사는 그 보고와 회진 그리고 거듭되는 진찰을 통해 자신의 처방을 즉각적으로 변화시킨다. 이에 따라 처방이 바뀌면 다시 같은 약사와 간호사의 기술적인 조제와 투약의 과정이 진행된다.

(2) 기술적 작업으로서 조제

여기서 조제는 단순 기계적 작업임을 인식할 필요가 있다. 의사가 간호사에게 조제를 위임한다고 할 때 위임된 부분은 여기서 설명한 시퀀스의 의료행위 전체가 아니라 약국에서 공급된 의약품을 분류하고, 처방된 양을 계측하고, 혼합한 후 밀봉하는 기술적 행위들이다. 이런 의미의 조제를 수행할 때 필요한 지식을 간호사들은 선임 간호사로부터 얻거나 의약품에 붙어 있는 상세한 조제정보로부터 그리고 그러한 정보를 상호 교환하고 공유하는 간호사들 간의 업무방식에 의해 습득한다.

III. 위험관리의무로서 감독의무

조제분업에서 의사의 위험관리의무로서 가장 중요한 요소는 감독이다. 판례는 위험관리의무로서 감독의무를 "구체적이고 즉각적인 지휘·감독"이라고 표현하고 있다. 그런데 이러한 "직접 조제"의 단어사용규칙은 두 가지 문제점을 안고 있다. 여기서 '구체적'이란 의사가 환자마다 간호(조무)사의 조제를 지휘·감독하는 것을, '즉각적'이란 환자상태의 변화에 신속하게 대응하는 지휘·감독을 말한다고 볼 수 있다. 구체적 지휘·감

독의 개념이 이와 같다면 이에 대응하여 일반적인 지휘·감독
이라는 개념을 세울 수 있다. 일반적 지휘·감독은 의사가 환
자마다 간호(조무)사의 조제를 지휘·감독하는 것이 아니라 조
제에 관해 필요한 사항을 지도하고, 주의사항 등을 숙지시키며,
병원의 간호(조무)사들이 조제업무를 체계적으로 수행하도록
조직화하고, 그 조직과 체계를 관리하는 것을 말한다. 그러니
까 일반적인 지휘·감독이란 병원에서 간호(조무)사들의 조제
시스템이 합리적으로 설계되고 실질적으로 운영될 수 있게 만
들 의사의 주의의무가 된다.

1. 종합병원에서 일반적 지휘·감독의 충분성

판례가 요구하는 구체적이고 즉각적 지휘·감독이 이와 같
은 의미라면, 이러한 지휘·감독은 가령 상급종합병원의 경우
에는 타당하지 않은 의사의 위험관리의무라고 보아야 한다.

(1) 조직화, 체계화, 전문화된 간호

상급종합병원에서 간호사들은 고도로 발달된 간호기능을 수
행하고 있기 때문이다.

1) 간호의 조직화

먼저 상급종합병원의 간호사들은 의사들과 독립된 조직(예:
간호본부, 간호팀)을 갖추고 있고, 간호본부장을 정점으로 각 병
동이나 간호팀마다 수간호사, 주임 또는 책임간호사, 경력간호
사, 신임간호사 등의 (신분적인 것이 아니라 기능적인) 위계질서
를 이루고 있다. 이런 조직과 질서는 하위 간호사의 오류를 견

제하는 지휘를 하거나 오류를 교정할 수 있게 한다. 이런 의미
에서 상급종합법원의 간호는 '조직화'된(organized) 간호라고 말
할 수 있다.

2) 간호의 체계화

또한 수간호사와 주임간호사의 지휘 아래 구체적인 환자들
에 대한 간호사의 조제는 '팀'의 형태로 ―예컨대 3교대 근무를
하면서 이전 근무자의 조제를 체크하는 식으로― 이루어지는
데, 이로써 간호사의 조제는 상호감시와 통제(peer review) 아래
놓이게 된다. 더 나아가 간호사들은 조제에 관련한 지식과 정
보를 상호교환하며, 지속적으로 학습할 수 있다. 이런 의미에
서 상급종합병원의 간호는 '체계화'된(systematized) 간호라고
말할 수 있다.

3) 간호의 전문화

상급종합병원의 간호조직은 자체적으로 신입 간호인력을 교
육시키고, 기존의 간호인력들도 재교육 및 간호 관련 지식과 경
험을 공유하는 컨퍼런스 등을 운영함으로써 간호의 전문성을
높여 나아가고 있다. 간호사 개인들도 대학원 교육을 받고, 국
가자격시험을 치러 전문간호사(professional nurse)가 되는 경우
도 점점 많아지고 있다. 이런 의미에서 상급종합병원의 간호는
'전문화'된(professionalized) 간호라고 할 수 있다. 상급종합병원
에서는 흔히 조제업무를 간호조무사가 담당할 수 없게 하고 있
는데, 이는 조제라는 진료보조(간호)의 전문화를 유지하기 위한
필요조건이 된다.

그렇기 때문에 간호사에게 조제를 위임하는 의사는 간호사

들의 조직적인 조제업무에 관해 일반적인 지침을 주거나 조제에 관한 주의사항 등에 대한 정보를 제공하면 된다.

(2) 간호사들의 검토기능

게다가 임상현실을 보면 병원의 약국 내에서 약사는 의사의 처방을 검토하는 기능을 수행하면서 조제를 하고, 병원의 간호사들도 약사의 조제오류를 발견하여, 약사에게 문의하고 필요한 경우 수정하게 하는 등의 검토기능을 발휘한다. 또한 간호사들은 의사의 처방에 의문을 갖는 경우에 의사에게 처방의 적절성을 묻고 수정을 하게 하는 경우들도 있다. 이처럼 상급종합병원의 간호사들은 때때로 (분업의 관계 속에서) 의사에 대해서 그리고 (협업의 관계 속에서) 약사에 대해서 검토기능을 수행하기도 하는 것이다.

(3) 일반적 (시스템적인) 지휘·감독의무

이와 같은 상급종합병원의 조제현실을 볼 때 판례가 의료기관의 종별을 구별함이 없이 일률적으로 "구체적이고 즉각적인 지휘·감독"이 필요하다고 본 것은 잘못이다. 상급종합병원처럼 간호사들의 조직화된 조제업무체계가 확립되고, 심지어 간호사들이 의사의 처방과 약사의 조제에 대해 때때로 검토기능까지 발휘하기도 하는 상급종합병원의 원내조제에서 의사는 "구체적이고 즉각적인 지휘·감독"의 의무를 지는 것이 아니라 일반적인 지휘·감독의 의무만을 질뿐이다.

바꿔 말하면 상급종합병원에서 의사는 조제를 간호사 '개인'에게 위임하고 있는 것이 아니라 간호사들의 조직화되고, 체계화되고, 전문화된 간호기능에 위임하고 있다고 보아야 한다.

이때 의사의 위험관리의무로서 감독의무는 간호사들의 그와 같은 간호체계가 조제업무에 정상적으로 작동하는지를 체크하고, 유지할 의무로 대체된다. 그러므로 상급종합병원의 의사는 간호사의 조제를 단지 '시스템적으로 지휘·감독'하면 된다고 말할 수 있다.

(4) 조직화되고, 체계화되고, 전문화된 간호기능을 매개로 한 조제의 지휘·감독

여기서 의사의 간호시스템에 대한 일반적인 지휘·감독은 조직화되고, 체계화되고, 전문화된 간호기능을 매개로 하여 각 간호사의 조제를 판례가 말하는 "구체적이고 즉각적인 지휘·감독"에 해당한다는 해석도 가능하다. 따라서 상급종합병원의 의사는 간호사의 조제공정에 대하여 현실적으로 어떤 감시를 하지 않아도 그 병원의 간호조직이 지휘·감독, 상호감시·통제와 상호학습 등의 기능을 제대로 수행하고 있는 한, 약사법 제23조 제1항 및 제4항에 위반하는 것은 아니라고 보아야 한다.

(5) 구체적 지휘·감독의 실질적 가능성

그러나 판례는 시스템적인 지휘·감독으로 간호사의 조제가 의사의 "직접 조제"가 될 수 있는 가능성을 완전히 차단하고 있는 것은 아니다. "당해 의료기관의 규모와 입원환자의 수, 조제실의 위치, 사용되는 의약품의 종류와 효능 등에 비추어 그러한 지휘·감독이 실질적으로 가능하였던"(대판 2006도4418) 경우도 직접 조제에 해당한다고 보기 때문이다. 상급종합병원의 조제현황을 보면 이러한 실질적 가능성이 인정될 수 있음은 의심의 여지가 없다. 다만 판례가 말하는 실질적 가능성은 시스템적인 지휘·감독이 아니라 구체적 지휘·감독이 있었는지를 판단하는 간접사실들을 아우르는 것으로 보인다.

2. 중소병원에서 구체적 지휘·감독의 이론과 현실

(1) 중소병원의 조제현실을 판단하는 두 요소

개별 중소병원에서 간호(조무)사의 조제현실은 매우 다양한 모습을 띠고 있어, 일률적으로 판단하기는 어렵다. 따라서 다음과 같이 두 가지 경우로 나누어 그 해당여부를 판단하여야 한다.

ⓐ 중소병원의 의사들이 "구체적이고 즉각적인 지휘·감독"에 직접 해당한다고 볼 수 있는 행위를 실제로 하는 경우

ⓑ 중소병원의 여러 조건들이 "구제척이고 즉각적인 지휘·감독"의 기능을 실질적으로 대신하거나 그런 지휘·감독의 실질적 가능성을 낮을 정도로 간호(조무)사들이 조직화된 조제업무체계를 확립하고 있는 경우

종합병원의 경우는 ⓑ의 형태로, 병원은 ⓐ의 형태로 지휘·감독의무를 이행할 개연성이 높다. 하지만 병원이 ⓑ의 형태를 부분적으로 보일 수도 있고, 종합병원이 ⓐ의 형태를 보일 수도 있다. 이는 병원마다 각각의 현실이 다를 수 있다. 심지어 의원의 경우에도 병원급의 조제현실을 보여줄 가능성도 배제할 수는 없다.

1) 중소병원 의사의 조제감독의무

그러나 적어도 중소병원의 의사들은 동네 의원에서 의사가 간호(조무)사의 조제와 투약에 대해 기울여야 하는 정도의 지휘·감독, 즉 물 샐 틈 없는 감시(lückenlose Überwachung)까지 할 필요는 없다.

2) 의사의 전자적 체크가능성

왜냐하면 병원이라면 대개 카덱스(cardex)와 전자차트 등을 통하여 의사가 입원환자에 투여되는 의약품이 환자의 특성상 처방이 금지된 약인지, 해당 환자가 복용하는 다른 의약품과 병용 금기 약물인지, 치료에 적절한 양이 처방된 것인지 등을 의사가 직접 체크하기 때문이다. 우리나라 병원은 이 정도 수준의 진료체계를 구축하고 있다고 보인다. 다시 말해 시퀀스로서 의료행위가 전자화된 프로그램에 의해 진행되고, 의사, 간호(조무)사, 약사가 의약품의 오남용을 상호 체크할 수 있는 가능성을 확보되어 있다. 바로 그렇기 때문에 의사의 간호사 조제에 대한 지휘·감독의 의무는 그런 전자시스템의 기능에 비례하여 줄어들 수 있다.

(2) 조제공정에 대한 의사의 심사필요성

그러나 간호(조무)사들의 조직적이고 전문적인 조제업무체계가 확립되어 있지 않다면, 의사는 간호(조무)사가 의약품을 개봉 분배하고, 또는 혼합하고 밀봉하는 조제공정을 손수 감독해야만 한다. 입원환자의 치료가 시퀀스적인 의료행위이거나, 카덱스와 전자차트 등으로 상호 체크할 가능성이 확보되어 있다고 해도, 조제공정 자체에서 간호(조무)사는 실수를 할 수 있고,

이를 지휘·통제하는 조직이 없다면, 의사가 조제공정 자체를 손수 통제해야만 한다. 그러나 동네 의원에서 주사제를 투입하는 경우처럼 병원급 의료기관에서 의사의 조제행위 감독은 조제를 담당 하는 간호사와 시·공간을 같이하는 식의 "물 샐 틈 없는 감시"(lückenlose Überwachung)가 되어야 할 필요는 없는 것이다.

그러나 조제공정에 대한 감시의 정도는 그 병원의 간호(조무)사들이 상급종합병원과 같은 정도일 수는 없지만, 그와 비슷하게 얼마나 조직화되고, 체계화되고, 전문화된 간호기능을 수행하고 있느냐에 따라 차등화될 수 있다.

(3) 종합병원급에서 의사의 조제감독의무

먼저 종합병원급의 경우에 간호사들의 조직화된 조제업무체계는 상급종합기관과 똑같은 수준은 아니지만 그에 근접하는 체계가 확립되어 있다고 보인다.

1) 조직화되고, 체계화된 간호

따라서 종합병원에서는 의사들이 간호(조무)사의 조제공정을 손수 감독하지 않을지라도 판례가 말하는 "구체적이고 즉각적인 지휘·감독"의 "실질적 가능성"이 인정되기 쉽다. 간호조직은 독립되어 있고, 상호감시와 통제, 학습 기능도 어느 정도 있으며, 교육기능도 상당하지만, 컨퍼런스와 같은 전문화가 상급종합병원에 못 미칠 뿐이다. 여기서 상급종합병원의 간호기능을 '조직화되고, 체계화되고 전문화된 간호'라고 한다면 종합병원의 간호기능은 '조직화되고, 체계화된 간호'라고 개념화하기로 한다. 전문간호사나 경력간호사도 종합병원마다 사정은 다르겠으나 상급종합병원에 역시 못 미친다고 볼 수 있다.

2) 샘플테스트식의 감독

이처럼 상급종합병원의 간호체계에 못 미치는 만큼은 의사의 구체적인 지휘·감독이 요구된다. 하지만 이와 같은 간호기능이 더욱 미진하게 발달되어 있는 병원급에 비해서는 상대적으로 약한 지휘·감독만으로도 충분하다고 볼 수 있다. 예컨대 종합병원의 의사는 간호사에게 조제업무를 믿고 맡기되, 마치 비주기적으로 샘플을 선택해서 조제업무가 제대로 수행되고 있는지를 테스트 하는 식의 감독을 하는 것으로 충분하다고 볼 수 있다.[6] 다시 말해 의사의 "샘플테스트적인 감독"(stich-probenartige Überprüfungen)[7]과 상급종합병원보다는 못하지만 상당한 정도로 조직화되고, 체계화된 간호기능이 결합한다면, 그런 감독은 판례가 말하는 "구체적이고 즉각적인 지휘·감독"에 해당하거나, 적어도 그런 지휘·감독의 "실질적 가능성"을 인정할 수 있을 것이다.

(4) 병원급에서 의사의 조제감독의무

이에 비해 병원급의 경우에는 상급종합병원에서 볼 수 있는 조직화, 체계화, 전문화의 정도가 종합병원보다 더욱 약하다고 볼 수 있다.

1) 조직화된 간호

간호조직은 대개 간호부 등의 형태로 있지만, 상급종합병원

---

6) 이는 기업의 외부회계감사에서 공인회계사가 재고상황 등에 대해 샘플테스트를 하여 회계의 적정성을 판단하는 것과 비슷하다.

7) Kamps, *Ärztliche Arbeitsteilung und strafrechtliches Fahrlässigkeitsdelikt* (1981), 184쪽.

의 1개에서 몇 개 병동 안팎의 수준에 불과하기 쉽고, 상호감시 기능은 어느 정도 있지만, 학습이나 교육기능은 매우 약하며, 컨퍼런스의 개최나 전문간호사의 양성 등은 거의 전무하다. 또한 조제임무를 떠맡는 간호인력도 간호사보다는 간호조무사가 종합병원에 비해 훨씬 많다. 이런 간호기능의 현실을 두고 체계성과 전문성이 없거나 약하다는 의미에서 '조직화된 간호'라고 개념화할 수 있겠다.

이 개념의 설정에 의해 간호는 상급종합병원의 조직화되고, 체계화되고, 전문화된 간호, 종합병원의 조직화되고, 체계화된 간호, 병원의 조직화된 간호 그리고 전문화와 체계화는 물론이고 조직화도 안된 의원의 간호로 등급화할 수 있게 된다.

가령 전문화 특성화 클리닉 중심병원임을 표방하였지만 약사법 제23조 제4항 위반으로 제재와 처벌을 받은(대판 2012도 10050) G 병원의 예를 보자.

사례 1

G 병원은 15개 진료과목 13개 진료과와 인공신장 전문센터 등 7개 전문센터와 200병상의 규모를 갖추었고, 병원조직상 간호부가 독립되어 있고, 간호부 밑에 신장센터간호팀, 수술실간호팀, 3개의 병동마다 각각의 간호팀, 응급실간호팀, 외래간호팀으로 나누어져 있으며, 간호부장 1명과, 수간호사 6명을 정점으로 간호사 20명과 간호조무사 50명, 총 77명이 넘는 간호인력을 갖고 있다. G 병원은 주 3일의 파트타임 약사를 고용하여 조제하였지만, 상당수의 조제는 약사 면허가 없는 조제실 직원 등으로 하여금 의약품을 조제하게 하고, 이에 대한 조제료를 청구하여 지급받았다. 병원장은 약사법 제93조 제1항 제3호, 제23조 제1항, 형

법 제347조(사기죄)로 기소되어 벌금형이 선고되고,[8] 확정되었다.

---

2) 간헐적인 심사에 의한 감독

이러한 병원의 규모와 간호사 조직의 규모 및 전문화를 고려할 때 의사의 "구체적이고 즉각적인 지휘·감독"의 기능을 실질적으로 대신 수행하는 간호기능을 전혀 기대할 수 없다고 단정할 수는 없다.

㈎ 조제공정의 주기적인 심사

그러나 적어도 상급종합병원이나 종합병원의 간호기능에 비하면 의사가 간호조무사의 조제공정을 더 강하게 감독할 필요성이 인정된다. 그런 더 강한 감독의 형태는 간호조무사의 조제공정을 (의원급의 경우처럼) 물 샐 틈 없이 감시하는 것과 (종합병원의 경우처럼) 샘플테스트식으로 심사하는 것, 그 사이에 위치한다. 그런 감독형태를 '간헐적(intermittently) 심사'라고 개념화할 수 있다. 조제공정을 계속 감시할 필요도 없지만, 비주기적으로 (한 분기마다 한 번 정도로) 샘플을 선택하여 심사하는 것이 아니라 '주기적으로' (예컨대 매주 또는 격주에 한 번씩) 하는 심사를 가리킨다.

㈏ 일일 업무지시 형태의 지휘·감독

병원급 이상의 의료기관에서 흔히 행하는 지휘·감독으로

---

8) 항소심 판결은 부산지방법원 2012.8.14.선고 2012노367 판결이고, 상고를 기각한 상고심 판결은 대법원 2013.11.15.선고 2012도10050 참조.

의사가 매일 아침 당일 사용할 의약품을 (간호사와 함께) 직접
―처방한 종류, 수량, 용량대로 약이 약봉지에 담겨 있는지 등
을― 검수하고, 간호(조무)사에게 조제에 관한 지시를 하는 행
위가 있다. 이 지시·감독은 비록 조제공정 자체에 대한 지
휘·감독은 아니지만, 조제공정의 시작이면서, 조제공정 전반
에 관한 지휘·감독으로 볼 수 있다. 그런데 이런 지휘·감독
이 조제공정 자체에 대한 간헐적 심사를 대체할 수 있는 것인
지, 다시 말해 대법원의 입장에 따른다면 "구체적이고 즉각적
인 지휘·감독"에 해당한다고 볼 수 있는지는 문제로 남는다.

(ㄱ) 시퀀스의 의료행위와 조제공정의 지휘·감독의 구별

이런 지시·감독은 입원환자에 대한 진단, 처방, 조제와 투
약의 행위를 반복하면서 지속적으로 더 나은 진료를 수행하는
시퀀스로서 의료행위의 일부를 구성하는 것이다. 따라서 조제
공정상의 실수에 의한 의약품 오남용의 방지를 직접 목적으로
하는 지휘·감독이 아니므로 판례가 정립한 "구체적이고 즉각
적인 지휘·감독"에 해당하지 않는다.

(ㄴ) 포섭착오

다만 의사들은 이 지시감독행위를 ―만일 의사들이 "직접
조제"에 관한 단어사용규칙으로 판례가 "구체적이고 즉각적인
지휘·감독"을 정립하고 있다는 점을 알고 있는 경우에도―
"구체적이고 즉각적인 지휘·감독"에 해당한다고 생각하는 경
향이 있다. 다시 말해 의사들은 간호사에 대한 일일 업무지시
가 "구체적이고 즉각적인 지휘·감독"에 포섭되는 사태라고 착
오한다. 이를 포섭의 착오(Subsumtionsirrtum)라고 부른다. 또한
약사법 제23조 제4항은 무면허의약품조제죄(제93조 제1항 제3
호)의 구성요건인 제23조 제1항에 대한 소극적 구성요건이므

로, 이런 포섭의 착오는 넓은 의미에서 허용포섭착오(Erlaub-nisirrtum)라고 볼 수 있다. 따라서 무면허의약품조제와 사기의 공소사실에 대한 형사재판에서는 형법 제16조가 적용되어, 그 착오의 정당한 이유 여부에 따라 면책의 가능성이 좌우될 수 있다.

ㄷ) 인식의 한계와 (해석)정책적 결정

가령 의료계의 관행이나 하부문화(subculture)를 고려해 보면 그런 착오에는 정당한 이유가 인정되는 반면, 약사법의 목적으로서 의약품 오남용 방지의 관점에서는 인정되기 어렵고, 공단의 보험재정 건전화 정책의 관점에서 보아도 인정되기 어렵다. 여기서 임상현장에서의 하부문화에 대한 존중과 약사법 또는 국민건강보험법상 정책적 목표가 대립하게 된다. 그런 대립 속에서 어떤 판단을 내릴 것인지는 전적으로 법원의 재량에 달려 있다.

3) 구체적 지휘·감독의 실질적 가능성 인정의 어려움

하지만 이와 같은 병원급 의료기관의 경우에는 그 "의료기관의 규모와 입원환자의 수, 조제실의 위치, 사용되는 의약품의 종류와 효능 등에 비추어 그러한 지휘·감독이 실질적으로 가능하였던"(대판 2006도4418) 경우로 인정되기가 쉽지 않을 것이다.

3. 의원급에서 구체적 지휘·감독

(1) 의원의 조제현실

의사가 1~2명이고 간호(조무)사가 1~3명인 동네 의원에서는 간호(조무)사를 지휘·통제할 조직이 의사 이외에는 따로 없다는 점, 간호조무사들의 지식과 경험은 매우 일천하다는 점, 간호(조무)사들이 서로 감시하고 배우는 과정을 통해 업무를 수행하지도 않는다는 점 등을 고려할 때, (상급종합, 종합)병원에서 볼 수 있는 간호의 조직화, 체계화, 전문화 중 어떤 특성도 갖고 있지 않다.

(2) 물 샐 틈 없는 감시

그렇기 때문에 간호(조무)사들이 의사의 "직접 조제"와 같은 수준의 조제기능을 수행할 수 없다. 그러므로 판례가 말하는 의원에서 의사의 원내조제는 의사가 손수 하거나 간호(조무)사를 기계적으로 사용하거나, 의사가 간호(조무)사에게 조제를 시킬 때, 같은 공간에서 또는 하루 중에도 수시로 일거수일투족을 살피는 식의 "물 샐 틈 없는 감시"(lückenlose Überwachung)의 방법으로 감독을 하여야 한다. 이는 판례가 말하는 "구체적이고 즉각적인 지휘·감독"의 가장 좁은 의미이다. 동네 의원의 경우에 원내조제는 거의 주사제를 주사하는 경우에 이루어진다.

(3) 병실을 운영하는 전문화된 의원

하지만 의원급 의료기관에서도 병실을 자체적으로 운영하면서 나름대로의 전문화된 진료를 하는 의원(특히 입원실을 운영하는 정형외과)도 있다.

1) 미흡한 조직화

그러나 그런 의원급 의료기관도 대개는 상급종합병원에서 한 개의 병동에 근무하는 (예컨대 3개의 간호팀 가운데) 한 개의

간호팀에 속하는 간호(조무)사의 수(예: 약 15명~30명)나 수간호
사 등의 인적 조직을 갖고 있지 못하다. 또한 간호(조무)사의 수
도 일반 병원급에 훨씬 못 미치는 정도이다. 그런 점에서 간호
(조무)사들의 조직에 의해 "구체적이고 즉각적인 지휘·감독의
실질적 가능성"이 인정될 여지는 거의 없다고 보인다.

2) 병실을 운영하는 의원의 사례

따라서 작은 동네 의원과 마찬가지로 병실을 운영하는 의원
에서도 간호(조무)사의 조제공정에 대한 의사의 "물 샐 틈 없는
감시"가 요구된다. 대법원 판례에 나온 다음과 같은 정형외과
의원의 사례를 예로 이 점을 설명해 보기로 하자.

사례 2

H 정형외과 의원의 원장 甲은 입원환자 丙을 진료한 후 丙의 진료기
록지(order sheet)에 의약품의 종류와 용량을 결정하여 처방을 하였고,
乙 등의 간호조무사들은 甲의 특별한 지시나 감독 없이 병원 원무과 접
수실 옆의 약품 진열장에서 진료기록지의 내용에 따라 의약품의 종류
별(최소한 4가지 종류)로 용기에 들어 있는 약을 꺼내어 혼합하고 이를
밀봉하는 등의 행위를 한 후, 환자 丙에게 투약하였다.

이 사건의 항소법원은 "그렇다면 간호조무사들이 피고인이 작성한
진료기록지상의 처방내역에 따라 독자적으로 의약품 조제행위를 한 것
으로 봄이 상당하고, 피고인이 간호조무사의 행위에 대하여 구체적이
고 즉각적인 지휘·감독을 하였다거나 그와 같은 지휘·감독이 가능한
상태에서 간호조무사들이 피고인의 조제행위를 단순히 기계적으로 보
조하였음에 불과하다고 볼 수는 없다"(광주지방법원 2006.6.16.선고
2006노357 판결)고 보았다.

이 사건에서 항소법원이 간호조무사의 조제가 '독자적으로' 한 것이라고 보는 것은 ① 의사가 그 조제공정을 손수 감독하지 않은 것을 뜻하지만, ② 의사의 "구체적이고 즉각적인 지휘·감독"의 기능을 실질적으로 대신 수행하는 간호사들의 조직화된 조제기능도 없다는 점을 전제로 한다. 즉, 조제공정이 의사로부터 뿐만 아니라 상위나 선임의 간호사들로부터 아무런 통제도 받지 않은 채 간호조무사 1인에 의해 수행된 것일 때 의사의 "직접 조제"는 부정될 수 있는 것이다.

물론 의료기관의 종별로는 의원급일지라도 간호의 조직화, 전문화, 체계화가 병원급 의료기관에 상응하는 경우에는 그 병원급에 적용되는 감독기준이 적용되어야 한다. 대법원(대판 2006도4418)도 이 점을 간과하고 있다.[9] 그러나 위 사례에서 문제된 의료기관은 정형외과 '의원'이고, 그 간호(조무)사의 조직이 한 병동의 한 간호사팀에 훨씬 못 미치는 수이므로 결과적으로 판결은 타당한 것이었다고 볼 수 있다.

─────────

9) 대법원은 이를 받아들여 "피고인이 입원환자를 진료한 후 당해 환자의 진료기록지에 의약품의 종류와 용량을 결정하여 처방을 하면 간호조무사들은 피고인의 특별한 지시나 감독 없이 병원 원무과 내 접수실 옆의 약품진열장에서 진료기록지의 내용에 따라 의약품의 종류별(원심은 최소한 4가지 종류라고 하였으나, 기록에 의하면, 진료기록지에 기재된 의약품의 명칭만도 10개 이상이며 그중에는 효능이 비슷한 것도 포함되어 있음을 알 수 있다)로 용기에 들어 있는 약을 꺼내어 배합하고 이를 밀봉하는 등의 행위를 한 사실을 인정한 다음, 위 인정 사실에 의하면, 피고인이 간호조무사의 조제행위에 대하여 구체적이고 즉각적인 지휘·감독을 하였다거나 그와 같은 지휘·감독이 가능한 상태에서 간호조무사들이 피고인의 조제행위를 단순히 기계적으로 보조하였음에 불과하다고 볼 수는 없다"(대법원 2007.10.25. 선고 2006도4418 판결)고 보았다.

4. 의사의 손수 복약지도의무와 설명의무

의사의 간호사 등에 대한 "구체적이고 즉각적인 지휘 · 감독"
이나 그 '실질적 가능성'이 "직접 조제"에 해당하려면, 판례(대판
2006도4418)에 의하면 "의사의 환자에 대한 복약지도도 제대로
이루어진 경우"이어야 한다.

(1) 약사법상 복약지도의 비의료적 성격

그러나 약사가 조제를 한 경우에 해야 하는 복약지도는 의료
행위와는 구분되어야 한다.

> 약사법 제2조 제12호 "복약지도"란 다음 각 목의 어느 하나에 해당하는 것
> 을 말한다.
> 가. 의약품의 명칭, 용법 · 용량, 효능 · 효과, 저장 방법, 부작용, 상호 작용
>   이나 성상(性狀) 등의 정보를 제공하는 것
> 나. 일반의약품을 판매할 때 진단적 판단을 하지 아니하고 구매자가 필요한
>   의약품을 선택할 수 있도록 도와주는 것

약사법 제2조 제12호의 복약지도 개념(특히 가목)을 보면 복
약지도란 약품을 판매할 때 해야 하는 정보제공만을 의미한다.
복약지도는 의약품의 여러 특성에 관한 정보제공이지, 그 의약
품이 개별 환자의 구체적 질병에 어떤 효과가 있는지에 관한 정
보제공이 아니기 때문이다.

(2) 설명의무에 통합되는 복약지도

이러한 복약지도가 의사의 의무로 귀속되어야 한다면, 그 의
무는 설명의무의 이행 속에 흡수된다고 보아야 한다. 입원환자

나 수술환자에 대한 조제와 투약은 치료행위의 일환으로 이루어지는 것이고, 의약품의 효능이나 용법, 용량 등에 대한 정보제공은 모두 그 치료행위에 대한 설명과 함께 이루어져야만 하고, 실제로도 그 설명 속에 포함되기 때문이다.

(3) 설명의무 이행으로서 복약지도의 분업적 이행

이처럼 판례가 원내조제를 할 때 해야 한다고 보는 의사의 복약지도가 의료행위로서 설명행위에 흡수되는 것이라면, 그 복약지도도 수직적 의료분업에 따라 간호사에게 위임될 수 있다고 보아야 한다. 시퀀스의 의료행위가 이루어지는 병원에서 의사의 복약지도는 '설명의무'의 이행 속에서 이루어지는데, 의사의 설명의무는 대체로 스텝의사(전문의)와 수련의 그리고 간호사 사이의 수직적 의료분업 속에서 이행되기 때문이다. 이를테면 시퀀스의 의료행위에서 가장 중요하고 핵심적인 부분에 대한 설명은 스텝의사(전문의)가 하고, 그 밖의 수술이나 그 효과 등에 관한 설명은 수련의(주치의)가 하고, 복용하는 약에 대한 설명은 간호사가 하는 분업이 이루어진다. 물론 고가약이나 항암제 등은 간호사보다는 수련의가 설명을 한다. 이렇게 볼 때 "직접 조제"의 단어사용규칙으로서 의사의 환자에 대한 복약지도는 독립된 요건이 아니라 설명의무의 이행 속에서 그 충족여부를 판단해야 한다.

IV. 결 론

1. 직접 조제를 이행하는 의료분업의 형태

다음 도표는 지금까지 설명한 내용을 개관할 수 있게 해준다.

| 비교 사항 | 간호조직 (지휘·감독 가능성) | 상호감시· 통제·학습 의 체제 | 간호사의 전문성 | | 교육지원 (간호사 교육 및 컨퍼런스 등) | 간호의 수준 등급 개념화 | 조제위임에서 감독의무의 강도 | |
			간호사와 간호조무사의 조제율	전문/경력 간호사 수				
상급	●	●	●	●	●	조직화, 체계화, 전문화된 간호	일반적 지휘·감독	간호체계의 관리
종합	○	○	○	△	○	조직화, 체계화된 간호	구체적 지휘·감독	샘플 테스트
병원	△	△	△	×	△	조직화된 간호	구체적 지휘·감독	간헐적 심사
의원	×	×	×	×	×	간호	구체적 지휘·감독	물 샐 틈 없는 감시
판단 등급	● 大 ○ 中 △ 小	● 강함 ○ 상당함 △ 약함	● 간호사만 ○ 주로 간호사 △ 주로 조무사 × 거의 간호조무사가 조제	○ 상당함 △ 적음 × 거의 없음	● 교육 및 컨퍼런스 ○ 상당한 교육 △ 약한 교육 × 없음			

(1) 평균적 기대치에 의한 설명

이 도표에서 상급종합병원이나 종합병원, 병원의 간호기능에 대한 평가는 전수조사(全數調査)를 한 결과가 아니므로 각 의료기관의 종별마다 예상해볼 수 있는 기대평균치를 기준으로 내린 것이다. 따라서 전수조사를 해보면 다소 다른 결론이 나올 수 있고, 또한 개별 병원마다 그 병원이 속한 종별 의료기관의 평균치와는 다른 모습을 보여줄 수 있다.

(2) 이념형으로서 의료기관 종별

그러나 그런 경우에, 가령 모든 종합병원이 이미 상급종합병원과 같은 수준의 전문화된 간호기능을 갖고 있다면 종합병원도 상급종합병원과 같이 일반적 지휘·감독만으로 충분하게 된다는 식으로 평가등급을 수정하면 된다. 또한 어떤 개별 병원이 그 병원이 속한 종별 의료기관의 평균치와 다른 모습을 보여주고, 더 상위급 의료기관의 평균치를 보여준다면, 의사의 감독의무 이행에 대한 판단도 그 상위의 기관에게 요구되는 기준을 적용하여야 한다. 그러므로 앞에서 "자신이 직접 조제"의 분업적 형태를 차등화하는 의료기관 종별의 개념들(상급종합병원, 종합병원, 병원, 의원)은 일종의 이념형(Idealtypus)이라고 볼 수 있다.

2. 실질적 지휘·감독의 여부에 의한 판단

(1) 구체적이고 즉각적인 지휘·감독의 실질적 가능성

위 도표로 요약한 내용에 의하면 판례가 말하는 "구체적이고, 즉각적인 지휘·감독"의 "실질적 가능성"은 상급종합병원에는 명백하게 인정되어야 하고, 의원에는 명백하게 부정되어야 함을 보여준다. 또한 종합병원에는 대체로 그 실질적 가능성이 인정될 수 있는 반면, 병원에는 인정되기가 어려울 것으로 보인다.

그러나 종합병원과 병원의 경우에는 각 병원의 간호기능의 현실을 밝혀내어 그 정도에 따라 "구체적이고, 즉각적인 지휘·감독"의 "실질적 가능성" 인정여부를 적절하게(angemessen) 판단하여야 할 필요가 있다. 단지 그 의료기관이 종합병원인가 아니면 병원인가의 구별만으로 지휘·감독의 실질적 가능성을 도식적으로 판정하는 것은 경계되어야 한다.

(2) 실질적 지휘·감독 개념의 창설 필요성

그러나 여기서 또 다른 제안이 가능하다. 판례가 사용하는 논증언어를 변화시키는 것이다.

1) 구체적 지휘·감독의 사실상 추정

판례가 말하는 "지휘·감독이 실질적으로 가능하였던" 경우는 상급종합병원에 전형적인 조직화되고, 체계화되고, 전문화된 간호기능에 의한 조제와 그런 간호체계에 대한 의사의 관리·감독이 있는 경우를 염두에 둔 것은 아닌 것으로 보인다. 의료기관 규모, 입원환자의 수, 조제실의 위치, 의약품 종류와 효능 등을 간접인자로 삼아 의사의 간호사에 대한 구체적이고 즉각적인 지휘·감독이 있었는 지를 사실상 추정한다는 의미로 읽히기 때문이다. 그러므로 판례가 말하는 구체적 지휘·감독의 실질적 가능성이란 주로 ―상급종합병원과 달리 의사의 "구체적이고 즉각적인 지휘·감독"이 정도의 차이는 있지만 여전히 필요하다고 보는― 종합병원급이나 병원급의 의료기관에서 의사의 구체적 지휘·감독이 있었는지에 대한 입증의 차원에서 '사실상 추정'의 기능을 수행하는 개념이라고 볼 수 있다.

2) 간호시스템에 의한 실질적 지휘·감독

이에 비해 상급종합병원에서는 간호사의 조제공정을 의사가 구체적으로 지휘·감독할 필요는 없다. 조직화되고, 전문화되고, 체계화된 간호시스템은 그 지휘·감독기능을 수행하기 때문이다. 여기서 상급종합병원에서는 의사가 구체적 지휘·감독을 하지 않지만, 의사가 관리·감독하는 간호시스템이 조제공정을 구체적으로 지휘·감독한다고 말할 수 있고, 이러한 지휘·감독을 실질적 지휘·감독이라고 개념화할 수 있다. 이처럼 실질적 지휘·감독과 판례가 말하는 구체적이고 즉각적인 지휘·감독의 실질적 가능성은 차이가 있다.

이 점은 판례가 언급한 구체적 지휘·감독의 실질적 가능성에 대한 판단요소들은 주로 의료기관의 인적, 물적 상황에 관련된 것들이고, 그런 인적 물적 인프라를 토대로 간호의 조직화, 전문화, 체계화의 정도를 직접적으로 나타내는 요소가 아니라는 점에서도 확인된다.

하지만 약사법 제23조 제4항의 위헌론 논의에서 다루겠지만, 판례가 말하는 구체적이고 즉각적인 지휘·감독과 그 실질적 가능성 그리고 상급종합병원의 간호시스템에 의한 지휘·감독을 아우르는 상위 개념으로 '실질적 지휘·감독'이라는 개념을 사용해도 좋을 것이다.

4 약사법 제23조 제4항의 위헌론

Ⅰ. 약사법 제23조 제4항의 위헌논란

1. 의사의 직접 조제권

2000.7.1.부터 시행된 의약분업제도는 약사에게 조제권을 귀속시켰지만(약사법 제23조 제1항), 입원환자, 응급환자 또는 주사제를 주사하는 등의 경우에는 의사가 의약품을 직접 조제 (제23조 제4항)할 수 있게 하였다.

현행 약사법 제23조 【의약품 조제】 ① 약사 및 한약사가 아니면 의약품을 조제할 수 없으며, 약사 및 한약사는 각각 면허 범위에서 의약품을 조제하여야 한다. 다만, 약학을 전공하는 대학의 학생은 보건복지부령으로 정하는 범위에서 의약품을 조제할 수 있다.
④ 제1항에도 불구하고 의사 또는 치과의사는 다음 각 호의 어느 하나에 해당하는 경우에는 자신이 직접 조제할 수 있다.
3. 응급환자 및 조현병(調絃病) 또는 조울증 등으로 자신 또는 타인을 해칠 우려가 있는 정신질환자에 대하여 조제하는 경우
4. 입원환자, 「감염병의 예방 및 관리에 관한 법률」에 따른 제1군감염병환자 및 「사회복지사업법」에 따른 사회복지시설에 입소한 자에 대하여 조제하는 경우(사회복지시설에서 숙식을 하지 아니하는 자인 경우에는 해

당 시설을 이용하는 동안에 조제하는 경우만 해당한다)
5. 주사제를 주사하는 경우

2. 원내조제분업의 제한과 처벌

대법원은 다음의 사례 1, 2와 같은 의사와 간호(조무)사 사이의 조제분업이 약사법 제23조 제4항의 "자신이 직접 조제"에 해당하지 않는다고 판단하였다.

사례 1 │ 병원급 사례

G 병원은 15개 진료과목, 13개 진료과와 인공신장 전문센터 등 7개 전문센터와 200병상의 규모를 갖추었고, 병원조직상 간호부가 독립되어 있고, 간호부 밑에 신장센터간호팀, 수술실간호팀, 3개의 병동마다 각각의 간호팀, 응급실간호팀, 외래간호팀으로 나누어져 있으며, 간호부장 1명, 수간호사 6명, 간호사 20명, 간호조무사 50명 등 총 77명의 간호인력을 갖고 있다. G 병원은 약사 면허가 없는 조제실 직원 등으로 하여금 의약품을 조제하게 하고, 병실에서 간호(조무)사가 약국에서 올라온 의약품을 조제하였고, 담당 의사는 매일 아침에 당일 투약할 의약품을 간호(조무)사와 함께 총량을 검수하였다. 또한 이 병원 원장 甲은 이러한 원내조제에 대하여 조제료와 약제비 등의 요양급여비용을 청구하였다. 甲은 약사법 제93조 제1항 제3호, 제23조 제1항, 형법 제347조 (사기죄)로 기소되어 벌금형이 선고되고,[1] 확정되었다. 또한 조제료와 약제비 등 지급받은 요양급여비용은 부당청구로 환수되었으며, 이 환수처분에 대한 취소소송은 기각되었다.[2]

---

1) 항소심 판결은 부산지방법원 2012.8.14.선고 2012노367 판결, 상고를 기각한 상고심 판결은 대법원 2013.11.15.선고 2012도10050 판결임.
2) 이에 대한 취소소송의 1심 판결은 서울행정법원 2012.2.3.선고 2011

사례 2 │ 의원급 사례

H 정형외과 의원의 원장 甲은 입원환자 丙을 진료한 후 丙의 진료기록지(order sheet)에 의약품의 종류와 용량을 결정하여 처방을 하였고, 乙 등의 간호조무사들은 甲의 특별한 지시나 감독 없이 병원 원무과 접수실 옆의 약품 진열장에서 진료기록지의 내용에 따라 의약품의 종류별(최소한 4가지 종류)로 용기에 들어 있는 약을 꺼내어 혼합하고 이를 밀봉하는 등의 행위를 한 후, 환자 丙에게 투약하였다. 甲은 乙 등이 한 행위에 대하여 조제료와 약제비 등의 요양급여비용을 청구하였다. 甲은 약사법 제93조 제1항 제3호, 제23조 제1항, 형법 제347조(사기죄)로 기소되어 벌금형이 선고되고, 확정되었다.[3]

판례에 의하면 의사가 간호(조무)사에게 의약품의 조제를 위임하고 구체적이고 즉각적인 지휘·감독을 하지 않으면, 현행 약사법 제23조 제1항에 위반하는 무면허의약품조제죄(제93조 제1항 제3호)가 성립한다. 또한 그렇게 간호(조무)사가 위임받은 조제와 투약에 대해 요양급여비용을 청구하여 지급받으면 국민건강보험법상 부당 또는 허위청구에 해당하고 동시에 형법상 사기죄(제347조 제1항)가 성립하게 된다.

3. 위헌론의 제기

이런 결론은 병원 약사의 공급부족이나 오래된 의료분업의

구합15947 판결, 항소심 판결로 서울고등법원 2013.7.5.선고 2012누7297 판결, 상고심 판결은 대법원 2013.10.18.선고 2013두14719 판결임.

3) 항소심 판결은 광주지법 2006.6.16.선고 2006노357 판결, 상고심 판결은 대법원 2007.10.25.선고 2006도4418 판결임.

관행, 정규 간호사의 수와 봉급, 그리고 병원의 재정적 어려움 등을 고려할 때, 현실적으로 많은 의료기관이 존립할 수 없게 만드는 위험을 안고 있다. 실제로 위 사례처럼 간호사의 원내조제를 이유로 법적 제재를 받고, 재정적 어려움에 처해 도산에 이르게 된 병원이 최근 수 년 사이에 30여 곳이 넘는 것으로 알려지고 있다. 여기서 대법원이 원내조제에 관하여 의사와 간호(조무)사 사이의 수직적 의료분업을 엄격하게 제한하는 판례를 내놓게 된 약사법 제23조 제4항의 "자신이 직접"이라는 법문언이 의사의 직업권으로서 진료권(조제권 및 의료분업권)을 과잉 침해한다는 위헌론이 제기된다. 판례에 의하면 의약분업 이전부터 그리고 이후에도 지속되어 온 병원 내의 조제관행에 따라 간호(조무)사에게 입원환자 등에 대한 조제를 위임하고, 구체적인 지휘·감독을 하지 않는 의사의 행위가 의료분업에 관한 재량권의 행사로부터 형법상 사기죄에 해당하는 행위가 되고 만다. 이와 같은 법현실은 형법상 책임주의나 과잉금지원칙에 위배된다는 위헌론을 불러일으킨다.

II. 헌법상 직업수행의 자유로서 조제분업

1. 직업권으로서 진료권과 조제분업

먼저 약사법 제23조 제4항이 의사의 직업수행 자유를 침해한다고 할 때 어떤 직업권을 침해하는 것인지를 분명히 할 필요가 있다.

(1) 의료법상 의사와 간호사, 간호조무사의 임무

의사와 간호사는 의료법상 보건복지부장관의 면허를 받은 의료인(제2조 제1항)으로서, "의사는 의료와 보건지도를 임무로" 하고(제2조 제2항 제1호), "간호사는 상병자나 해산부의 요양을 위한 간호 또는 진료 보조 및 대통령령으로 정하는 보건활동을 임무로 한다."(제4호) 간호사의 임무로서 "진료 보조"에서 말하는 '진료'(診療)는 '진찰과 치료'의 축약어이므로, 의료와 사실상 같은 개념이고, 따라서 진료 '보조'란 의료보조와 같은 개념이다.

또한 간호조무사는 의료법상 시·도지사의 자격인정을 받아(제80조 제1항), 의료인이 아님에도 불구하고 간호보조 '업무'에 종사하는 자(제80조 제2항)를 말한다. 간호조무사는 간호보조, 즉 (간호사의) 진료 보조를 '보조'하는 업무권을 누릴 자격이 있는 자인 것이다.

(2) 의사의 직업권으로서 수직적 의료분업(조제분업)

가령 의사가 제23조 제4항 각 호의 하나에 해당하여 직접 조제를 할 수 있는 경우에 간호사의 자질과 숙련도(대판 2005다5867)를 고려하여 의사는 간호사에게 조제를 위임할 수 있고, 이때 간호사의 자질과 숙련도를 고려할 때 여전히 필요하다고 판단되는 지휘·감독의무를 다해야만 한다. 간호조무사의 진료보조의 보조로서 '조제보조의 보조'도 의사가 간호조무사에게 조제를 직접 위임하거나 간호사에게 위임된 조제를 다시 위임받음으로써 가능하며, 이때 의사는 간호사에 대한 조제위임의 경우보다 더 강한 지휘·감독의무를 지게 된다. 이는 간호조무사는 간호사에 비해 그 교육과 자격이 낮고, 조제업무를 수행하기 위한 자질과 숙련도가 떨어지기 때문이다. 여기서는 의사가 간호(조무)사에게 조제를 위임할 때 얼마나 강한 감독의무를 지는가는 일단 그 논의를 미루기로 하자.

여기서 중요한 점은 병원에서 간호사나 간호조무사가 의약품을 조제하는 것은 수직적 의료분업(vertikale Arbeitsteilung)의 하나인데, 이 수직적 의료분업으로서 조제분업은 현행 의료법에 의해 보호되는 의사(와 간호사)의 권리라는 점이다. 이는 이론적으로 인정되는 의사와 의사 사이의 수평적 의료분업(horizontale Arbeitsteilung)과 다른 점이기도 하다. 다시 말해 수직적 의료분업은 의료법이 명문으로 의사에게 부여한 직업권(의료권)이면서, 간호사에게 부여한 직업권(간호권)에 의해 인정되는 것이다. 그러므로 의사가 원내조제를 간호사나 간호조무사에게 위임하는 것은 '진료권'이라는 직업권을 행사하는 것이며, 의사의 직업권행사에 의해 간호사는 '간호권'이라는 직업권을 누리고, 간호조무사는 간호보조의 '업무권'을 누리는 것이 된다.

(3) 보조와 위임

물론 이런 결론은 진료보조 또는 진료보조의 보조에서 말하는 '보조'(補助)가 조제의 '위임'을 포함하는 개념임을 전제로 한다. 진료의 보조(補助, assistance)란 사전적으로도 "보태어 도움"을 뜻한다. 즉, 의사의 진료에 대해 단지 의사의 수족처럼 일하는 것뿐만 아니라, 일정한 부분 의사가 손수 다하기 어려운 부족부분을 메워주는 보탬을 할 수 있다는 것이다. 간호(조무)사의 입장에서 보면 보태는 것이지만, 의사의 입장에서 보면 간호(조무)사가 보탤 수 있는 일을 맡기는 것, 즉 조제를 위임하는 것이 된다.

2. 조제분업의 현실

의료기관에서 원내조제를 의사와 간호(조무)사가 어떻게 분업의 형태로 실현하는지를 살피는 것은 제23조 제4항의 위헌성을 검토하는 데 기초가 된다.

(1) 의원에서 조제의 수직적 의료분업

먼저 동네 의원에서 주사제를 환자에게 놓는 경우를 예로 설명해보자. 약사법 제23조 제4항 제5호에 의하면 의사는 주사제를 환자에게 직접 조제하여 주사할 수 있다. 그러나 의원에서 대개 의사가 전자차트로 주사제 주사를 처방하면 간호(조무)사는 그 차트를 보고, 주사제를 조제하여 환자에게 주사를 놓는다. 이러한 수직적 의료분업은 환자의 치료를 효율화하는 목적을 좇는다.4) 하지만 제23조 제4항이 의약분업의 예외가 아니라 의약분업체제 하에 의약분업의 목적도 달성하라는 임무를 의사에게 부과하는 조제권의 수권규정이라는 점에서 의사는 의약품 오남용 방지를 위해 간호(조무)사에게 조제를 위임함으로써 발생하는 위험(조제과오)을 관리할 의무가 있고, 따라서 간호사의 (주사제) 조제공정을 지휘·감독할 의무를 지니게 된다.

---

4) 의사가 주사제의 조제와 주사를 손수 행한다면, 그 의료기관을 유지하는 데 필요한 재정을 조달할 수 없는 상황들이 많기 때문이다. 의료기관의 재정적 악화는 도산으로 이어지고, 이는 다시 의료접근성을 악화시켜 결국 시민의 불이익으로 돌아갈 수 있다. 따라서 간호(조무)사에게 조제를 위임하는 것은 불가피하다.

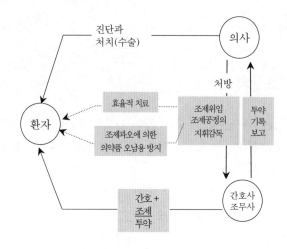

의사와 간호(조무)사의 수직적 의료(조제) 분업

물론 이때 감독의 수준은 매우 높은, 예컨대 비유적으로 표현하면 "물 샐 틈 없는 감독"(lückenlose Überwachung)이어야 한다.

(2) 병원에서 조제의 수직적 의료분업

이러한 조제분업의 제도적 모습은 병원 약사를 고용할 의무가 없는 의료기관(의원과 소규모의 병원)의 경우에 해당한다. 그러나 의료기관의 규모가 커지고, 치료하는 질환도 중증질환이 될수록, 의료는 고도로 전문화되어야 하고, 의약품 오남용 방지의 임무도 의사 개인에게 맡겨둘 수 없게 된다. 의료기관의 규모가 커지고, 조제업무가 많아지게 되면 의사와 간호(조무)사의 의료분업에 약사의 약무감시기능이 추가될 필요가 있다.

1) 약사의 약무감시기능

의료법 제36조 제5호 및 의료법시행규칙 별표 5의2는 연평균 1일 입원환자나 외래환자의 원내조제 처방건수에 비례하여 병원으로 하여금 일정한 수의 약사를 두게 하고 있다.

병원 약사는 그 병원에 들어오는 모든 의약품의 사용을 검토하는 임무를 수행하고, 매일 의사가 처방한 의약품을 정확하게 조제하여 그 투약을 담당하는 간호(조무)사에게 공급하거나, 처방된 의약품마다 (하루에 사용되는) 그 총량을 병실에 공급함으로써 간호(조무)사가 예컨대 배합과 분리, 그리고 밀봉 등과 같은 단순한 공정만으로 의약품을 조제할 수 있게 한다. 이러한 병원약사의 역할을 '약무감시기능'이라고 부를 수 있다.

2) 간호사의 약무감시기능과 의사의 감독기능

약무감시기능이란 우선적으로 약사가 간호(조무)사와 의사에 대해 발휘하는 기능이다. 즉, 의사의 처방에 약학적 관점에서 의문이 있으면 약사는 간호(조무)사를 통해 의사에게 이의를 제기하여, 의사가 수정할 기회를 갖게 한다. 그러나 약사도 조제과오를 할 수 있다. 약사의 조제과오를 발견한 병실 간호사는 약사에게 조제의 오류에 대해 이의를 제기하고, 약사가 수정할 기회를 갖게 한다. 그러므로 약무감시기능은 일방향인 것이 아니라 쌍방향이라고 할 수 있다.

이처럼 약사의 '주된' 약무감시기능과 간호(조무)사의 '부차적인' 약무감시기능에다 수직적 의료분업으로서 조제를 위임받은 간호사의 조제공정에 대해 의사가 지휘·감독함으로써 의약품의 오남용을 합리적으로 통제될 수 있게 된다. 물론 간호사도 처방에 대한 의문이 있을 때에는 의사에게 이의제기를 하고 확

인해 보기도 한다. 여기서 의약품 오남용 방지의 목적은 한편으로는 치료의 효율성을 도모하는 합리적인 수직적 의료분업이, 그리고 다른 한편으로는 약무감시기능을 수행하는 의료인(의사, 간호사 등)과 약사 사이의 협업5)이 정상적으로 작동함으로써 실현되는 것임을 알 수 있다.

　이상의 설명은 아래의 도표로 요약할 수 있다. 이 도표에서 수직적 의료분업과 협업이 의약품 오남용을 방지하는 기능에 관계된 부분은 도표의 사각형 밑줄 친 부분에 의해 표현되고 있다.

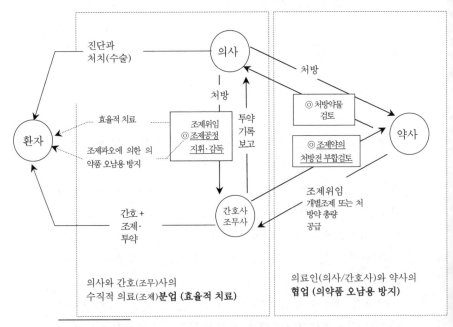

5) 보건의료기본법 제26조(보건의료인 간의 협력)는 보건의료인들이 상호 협력하도록 노력할 의무를 부과하는데, 이 규정에 의해 의사의 감독기능과 약사의 약무감시기능의 공동작용은 입원환자 등에 대한 의약품 오남용을 방지하는 목적을 달성하는 데 의사와 약사가 상호 협력하는 모습으로 이해할 수 있다.

(3) 의사의 감독기능을 대체하는 간호체계의 감독기능

이상의 설명에서 간호(조무)사의 조제공정을 구체적으로 지휘·감독하는 의사의 역할은 특히 상급종합병원에서는 사실상 수행하기가 어렵다. 그런 지휘·감독을 해야 한다면, 업무과중으로 인해 환자를 진찰하고, 진단하고 수술하는 등의 의료행위가 부실화될 위험이 높기 때문이다. 그렇다면 상급종합병원에서 간호사의 조제는 약사법 제23조 제4항에 해당하지 못하여 제23조 제1항에 위반된다고 보아야 하는 것일까?

1) 조직화되고, 체계화되고, 전문화된 간호기능

그렇지 않다. 간호사의 조제에 대한 지휘·감독은 조직화되고, 체계화되고, 전문화된 간호기능에 의해 실질적으로 대체되고 있기 때문이다. 간호사들은 ① 의사들과 독립된 조직(예: 간호본부, 간호팀)을 갖추고 있고, 간호본부장을 정점으로 각 병동이나 간호팀마다 수간호사, 주임 또는 책임간호사, 경력간호사, 신임간호사 등의 (기능적인) 위계질서를 이루면서 하위 간호사의 오류를 통제하는 지휘를 하거나 오류를 교정할 수 있게 한다. 이를 '조직화'된 (organized) 간호라고 부를 수 있다. 또한 ② 수간호사의 지휘 아래 간호사들은 하루 3교대 근무를 하면서 이전 근무자의 조제를 체크하는 식의 상호감시와 통제(peer review) 체제 속에서 조제를 하며, 또한 서로 조제에 관련한 지식과 정보를 상호 교환하는 등 지속적인 학습을 하면서 조제를 한다. 이를 '체계화'된(systematized) 간호라고 부를 수 있다. ③ 더 나아가 간호조직은 자체적으로 신입 간호인력을 교육시키고, 기존의 간호 인력들도 재교육 및 간호 관련 지식과 경험을 공유하는 컨퍼런스 등을 운영함으로써 간호의 전문성을 높여 나아가고 있으며, 대학원 교육과 별도의 국가시험까지 치른 (의료법 제78조의) 전문간호사(professional nurse)도 점차 많아지고 있다. 이런 의미에서 상급종합병원의 간호는 '전문화'된(professionalized) 간호라고 할 수 있다.

2) 간호체계의 지휘·감독기능의 대리수행과 의사의 시스템 관리감독기능

이처럼 조직화되고, 체계화되고, 전문화된 간호기능을 고려할 때 간호조직은 의사보다도 간호사들의 조제공정에 대한 지휘·감독기능을 더 잘 수행할 수가 있다. 그러므로 의사는 간호사에게 조제를 위임하면서 그 조제공정을 구체적으로 지휘·감독할 필요가 없고, 간호조직의 그와 같은 지휘·감독기능

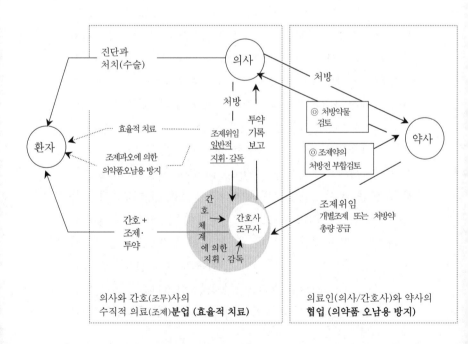

이 간호사의 조제업무에 정상적으로 작동하는지를 일반적으로 체크하고, 관리할 의무만 진다. 다시 말해 상급종합병원의 의사는 간호사의 조제를 '시스템적인' 지휘 · 감독, 다른 말로 '일반적인' 지휘 · 감독을 하면 되는 것이다.

이상의 설명한 내용은 앞의 도표가 요약해서 보여주고 있다.

3. 병원 종별간의 차이와 감독의무의 차등

그러나 상급종합병원보다는 종합병원, 종합병원보다는 병원의 간호조직은 덜 체계화되고, 덜 전문화된 간호기능을 수행한다고 볼 수 있다. 이런 경우 간호조직이 수행하는 간호(조무)사의 조제공정에 대한 지휘 · 감독기능은 다소 부족하며, 그 부족한 정도에 비례하여 의사는 구체적으로 더 강한 지휘 · 감독행위를 하여야 한다.

가령 종합병원에서 의사는 간호(조무)사의 조제공정에 대해 간혹 비주기적으로 '샘플 테스트 형태'(stichprobenartige Über-prüfungen)의 심사를 할 필요가 있고, 병원에서 의사는 이보다 좀 더 강한 감독, 즉 '간헐적인(intermittently) 심사'를 할 필요가 있다. 그러나 의원에서처럼 의사가 간호(조무)사를 자신의 수족으로 사용하거나 조제를 위임하되 '물 샐 틈 없는 감시'를 하여야 하는 것은 아니다.

Ⅲ. 진료권 제한의 비례성 여부와 헌법합치적 법률 해석

아래서는 의약품 오남용의 방지를 위해 의사가 원내조제를 "자신이 직접"하는 조제로 제한하는 제23조 제4항이 비례적인 것인지를 검토한다.

1. 직업권으로서 의료분업권을 제한하는 목적의 정당성

의약분업제도의 실시로 약사법 제23조 제1항은 과거 의사의 직업권으로 인정되어 온 조제권을 제한하고, 제23조 제4항은 의약분업제도 하에서 의사가 누리는 조제권을 일정한 범위 내에서 부여하고 있다. 다시 말해 의약분업제도의 시행으로 인하여 의사의 조제권은 '본원적인' 진료권으로부터 의사와 약사 간의 '직능조정'의 결과로서 인정되는 범위의 조제권으로 변화되었다.

(1) 제23조 제4항의 두 가지 목적

여기서 제23조 제1항은 조제권을 약사에 귀속시킴으로써 의약품 오남용 방지의 목적을 좇고, 제4항은 효율적 치료의 목적을 좇는다는 식의 이해를 경계할 필요가 있다. 제4항은 한편으로는 의약분업의 실시에도 불구하고 효율적 치료를 위해 의사에게 조제권을 일정한 경우에 인정하면서(수권규정, Ermächtigungsvor-schrift), 다른 한편으로는 (특히 간호사의 조제 과오로 인한) 의약품 오남용을 방지하기 위해 "자신이 직접"이라는 표지를 통하여 그 조제권을 의료분업의 형태로 행사하는 것에 일정한 제한을 가하고 있다.

만일 제23조 제4항의 목적이 효율적 치료에만 있다면 "자신이 직접"이라는 제한을 둘 필요가 없으며, 반대로 의약품 오남용 방지에만 있다면 논리적으로는 약사 조제의 원칙에 예외를 인정할 필요도 없기 때문이다. 따라서 제23조 제4항의 목적은 '효율적 치료'를 도모하면서도 '의약품 오남용을 방지'하는 것이라고 보아야 한다.

(2) "자신이 직접 조제"라는 문언의 두 가지 목적

그런데 여기서 위헌여부를 문제 삼는 것은 조제권의 수권부분이 아니라 '의료분업권', 다시 말해 의료분업의 형태로 의료행위(여기서는 조제)를 수행할 직업권에 대한 제한 부분이다. 제23조 제4항의 규정 자체뿐만 아니라 "자신이 직접"이라는 일부 문언이 가하는 의사와 간호(조무)사 간의 분업에 대한 제한도 '효율적 치료를 도모하면서도 의약품 오남용을 방지'하는 데에 그 목적이 있다고 보아야 한다. "자신이 직접"이라는 문언을 아무리 좁게 해석해도, 조제에서 간호(조무)사를 이용하는 일체의 행위가 금지될 수는 없는 것이라는 점에서 의사는 조제권을 행사하면서 간호(조무)사를 이용하여 치료의 효율성6)을 도모할

---

6) 약사법 제23조 제4항이 원내조제를 인정하는 14개 항목들 가운데에는 환자의 편의도모(제1호, 제2호, 제10호, 제14호), 의약품 오남용을 하지 않을 것이라는 공공의료기관에 대한 신뢰특권(제6호, 제7호, 제11호, 제12호), 그리고 국가안전보장의 목적(제13호)을 좇기도 한다. 그러나 환자의 편의도모는 거시적으로 보면 치료의 효율성 목적에 이바지하는 것이다. 공공의료기관에 대한 신뢰특권이나 국가안전보장의 목적은 치료의 효율성과 관련이 없다. 하지만 이 항목들은 원내조

수 있으면서, 다른 한편으로 그 문언은 아무리 넓게 해석해도, 의사가 간호(조무)사에게 조제를 포괄적으로 위임하는 행위까지 허용될 수는 없는 것이라는 점에서 그 문언은 의약품의 오남용 방지를 도모하는 것이기 때문이다.

(3) 치료효율성과 의약품 오남용 방지의 동시적 달성 목적의 정당성

이처럼 제23조 제4항 규정 자체의 목적이나, 그 일부 문언인 "자신이 직접 조제"의 목적은 효율적 치료와 의약품 오남용 방지를 동시적으로 실현하는 데에 있다.

1) 의사 중심적 관점에서 목적의 비정당성

이런 두 가지 목적의 동시적 달성은 물론 의료계의 전통적인 '의사 중심적 관점'에서 본다면 그 정당성이 의문시될 수 있다. 왜냐하면 의사와 간호(조무)사 사이의 수직적 의료분업은 의사의 '본원적인' 진료권을 '재량적'으로 행사하는 것인데, 약사법이 그 행사의 범위를 의약품 오남용을 이유로 제한하는 것은 의사 직역의 전문성과 독립성 그리고 고도의 윤리성에 비추어 볼 때 정당하지 않기 때문이다. 바꿔 말해 제23조 제4항의 "자신이 직접"이라는 문언이 좇는 목적은 의사의 전문성, 독립성, 윤리성을 훼손한다는 점에서 정당하지 않다고 볼 수 있는 것이다.

제에서 의사의 의료분업권에 대한 논의에서 쟁점이 되는 것이 아니므로 논의에서 제외할 수 있다.

2) 효율적 치료와 의약품 오남용 방지의 불가분성

그러나 오늘날 현대의료는 고도로 전문화되고, 세분화되고 나날이 발전을 거듭해 가고 있다. 또한 의사가 처방하는 의약품도 그 종류가 수없이 많고, 끊임없이 발전하고 변화하고 있다. 그렇기 때문에 한 명의 의사가 그가 처방하는 의약품의 위험성을 남김없이 제어할 수 있다고 보는 것은 오만이고, 약사를 약의 판매에 관련한 업무만을 담당하는 직역으로 바라보는 것도 편견이다. 의사와 간호(조무)사의 수직적 의료분업은 약사의 약무감시기능에 의해 체크될 필요가 있을 뿐만 아니라 그 자체로서 효율적 치료의 목적 달성에 적합한 것인지를 검토받아야 한다. 또한 의약품 오남용의 방지가 추구되지 않고는 치료도 성공할 수 없고, 치료의 효율성을 추구하지 않는 의약품 오남용의 방지도 성공적일 수 없다. 칸트의 용어를 빌린다면, 의약품 오남용의 방지 없는 효율적 치료는 맹목(盲目)이며, 효율적 치료 없는 의약품 오남용의 방지는 공허(空虛)하다. 그러므로 두 목적은 언제나 동시적으로 추구되는 것이다.

따라서 의사의 진료권으로서 조제에 관한 간호(조무)사와의 수직적 분업(조제분업)을 "자신이 직접 조제"라는 문언으로 일정한 범위로 제한하는 약사법 제23조 제4항의 목적은 정당하다.

2. 수단의 비례성

이처럼 제23조 제4항의 목적이 정당하여도 그 수단이 목적과 비례적이어야 한다.

(1) 헌법재판소의 과잉금지원칙

이때 비례적이란 것은 헌법재판소가 말하는 과잉금지원칙 (헌재결 96헌가17)을 말한다.

"헌법 제37조 제2항에 의하면 국민의 기본권을 법률로써 제한하는 것이 가능하다고 하더라도 그 본질적인 내용을 침해할 수 없고 또한 과잉금지의 원칙에도 위배되어서는 아니 되는바, 과잉금지의 원칙이라 함은 국민의 기본권을 제한함에 있어서 국가작용의 한계를 명시한 것으로서 목적의 정당성·방법의 적정성·피해의 최소성·법익의 균형성 등을 의미하며 그 어느 하나에라도 저촉이 되면 위헌이 된다는 헌법상의 원칙을 말한다."(헌재결 95헌가17)

(2) 비례성의 의미

이를 약사법 제23조 제4항에 적용해보면, 의사에게 "자신이 직접 조제"할 권리만을 인정하는 방법(또는 수단)은 ① 치료의

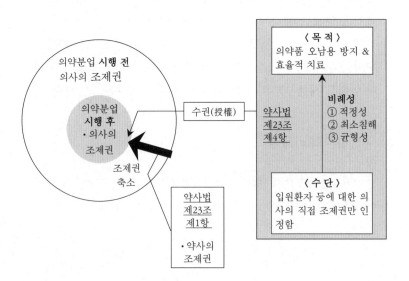

효율성과 의약품 오남용 방지의 두 가지 목적을 달성하는 데에
적합하고(방법의 적정성), ② 그 목적을 달성하기 위한 방법(조제
권의 제한적 인정) 가운데 의사의 진료권으로서 조제분업권을
가장 적게 침해하는 방법(최소침해 방법)이면서 ③ 의사가 제한
받는 조제분업권이라는 법익과 의약품 오남용 방지 및 효율적
치료의 목적 배후에 있는 법익(예: 국민의 건강권 보호강화) 사이
에 가치적으로 균형을 이루어야 한다는 것이다.

3. 적정성과 최소침해성

의사의 조제권을 입원환자 등에 대한 원내조제, 그것도 "자
신이 직접"하는 조제에 제한하는 것은 과연 그 제한의 목적인
'치료의 효율성'과 '의약품 오남용의 방지'라는 두 가지 목적을
동시적으로 달성하는 데 적합하고, 의사에게 최소침해를 가져
오는 방법인지는 매우 의문스럽다.

(1) 단일한 목적 설정과 두 가지 목적 설정의 차이
이 문제를 다룸에 있어 약사(또는 약무) 중심적인 관점과 의
사 중심적인 관점의 편협함을 경계할 필요가 있다.

1) 의약품 오남용 방지의 단일목적 하의 판단(약사 중심
적 판단)
첫째, 약사법 제23조 제4항의 목적을 오로지 '의약품 오남용
의 방지'라는 단일한 목적을 좇는 것으로 보는 관점(약사 중심적
관점)을 전제하여 보자. 그렇다면 입원환자나 수술환자 등에 대
한 조제의 경우처럼 약사의 조제기능이 작동하기 어려운 예외

적인 상황에서는 의사에게 조제권을 부여하되, 그 조제권을 가능한 한 제한하는 것이 의약품 오남용의 방지라는 목적 달성에 적정한 방법이 되는 것이다. 또한 그러한 조제권 제한의 방법으로 의사가 "자신이 직접" 조제하도록 하는 것은 그런 목적의 완전한 달성을 위해서는 불가피한 수단일 수 있고, 그런 한에서 최소침해의 요청도 충족된다고 볼 수 있다.

2) 효율적 치료라는 단일목적 하의 판단(의사 중심적 판단)

이와는 정반대로 약사법 제23조 제4항의 목적이 치료의 효율성을 위해 의사에게 (본원적인) 조제권을 회복시켜 주는 것에 있다고 본다면(의사 중심적 관점), ① 그 조제권을 제한하는 것은 그 제한의 정도가 어떤 것이든 간에 효율적 치료라는 목적을 달성하는 데에 적정한 방법이 아닌 것이 된다. ② 게다가 제23조 제4항처럼 의사의 조제권을 "자신이 직접 조제"하는 경우에만 인정하는 것은 간호(조무)사의 조제보조도 금지하는 것이어서 의사의 조제권에 대한 최소의 침해가 아니라 최대의 침해를 지향하는 것이기 쉽다는 점에서 최소침해성 원칙에도 위배된다고 본다.

(2) 두 가지 목적의 동시적 달성을 추구하는 법률해석

그러나 제23조 제4항은 앞서 본 바와 같이 제23조 제4항이 치료의 효율성과 의약품 오남용의 방지를 동시에 실현하는 목적을 추구한다고 봄이 타당하다. 이런 관점에서 보면 의사에게 "자신이 직접 조제"할 권리만 부여하는 것이 적정한 방법이고, 최소침해의 방법인지는 매우 불확실해진다.

1) 판단을 좌우하는 "자신이 직접 조제"의 해석

여기서 일반론으로 말할 수 있는 것은 의사에게 조제권을 인정하되 간호(조무)사와의 조제분업의 허용범위를 좁게 설정할수록. 효율적 치료의 목적은 더 많이 그리고 의약품 오남용 방지의 목적은 더 적게 실현되고, 정반대로 의료분업의 허용범위를 넓게 설정할수록, 효율적 치료의 목적은 더 적게 그리고 의약품 오남용 방지의 목적은 더 많이 실현될 가능성이 높다는 점이다. 이러한 상반된 가능성 가운데 어떤 가능성이 현실화될 것인지는 제23조 제4항의 "자신이 직접 조제"라는 문언의 의미를 어떻게 해석할 것인지에 달려 있다.

2) 목적론적 해석의 요청

다시 말해 제23조 제4항이 비례성, 특히 적정성과 최소침해성의 원칙에 위배되는지에 대한 (경험적) 판단은 "자신이 직접 조제"의 해석이라는 규범적 판단에 의존하게 된다. 이때 해석은 두 가지 방향성을 갖는다.

첫째, 법률해석의 네 가지 방법들(문법적 해석, 체계적 해석, 역사적 해석, 목적론적 해석) 가운데 그 법률이 비례성, 특히 적정성과 최소침해성을 지키는지에 대한 판단을 위해서는 목적론적 해석방법을 선택해야 한다는 점이다. 즉, "자신이 직접 조제"라는 법률문언(수단)이 그 문언으로 달성하려는 목적, 즉 효율적 치료와 의약품 오남용의 방지라는 두 가지 목적을 동시적으로 달성하는 데 적합한 수단이 되도록 하는 해석이 바로 목적론적 법률해석이다. 만일 이러한 목적론적 법률해석이 올바르게 이루어진다면, 그렇게 해석된 법률문언은 그 문언으로 기획한 목적을 달성하는 데 적정한 방법이 되는 것이고, 그 한에서는 비례성원칙을 준수한 법률문언이 되는 셈이다.

3) 헌법합치적 법률해석의 요청

둘째, "자신이 직접 조제"의 의미는 (설령 목적론적으로 해석되더라도,) 의사의 직업권으로서 진료권, 즉 조제권과 의료분업권을 여전히 과잉으로 침해하여 위헌이 될 소지가 있다. 그렇지만 헌법재판소가 법률(문언)의 위헌여부를 판단할 때에는 해당 법률문언을 최대한 합헌이 되게 하는 방향으로 해석한 후에도 여전히 위헌이 되는지를 판단하여야 한다. 이를 헌법합치적 해석(verfassungskonforme Auslegung)이라고 부른다.

"어떤 법률의 개념이 다의적이고 그 어의의 테두리 안에서 여러 가지 해석이 가능할 때, 헌법을 최고법규로 하는 통일적인 법질서의 형성을 위하여 헌법에 합치되는 해석 즉 합헌적인 해석을 택하여야 하며, 이에 의하여 위헌적인 결과가 될 해석은 배제하면서 합헌적이고 긍정적인 면은 살려야 한다는 것이 헌법의 일반법리이다."(헌재결 89헌가113)

즉, 어떤 법률이 위헌인지를 판단함에 있어 해당 법률이 외형상 위헌으로 보이더라도 합헌적 해석의 가능성이 있다면 그 법률의 효력을 되도록 지속시키고(소극적 의미), 더 나아가 헌법정신에 따라서 그 법률의 내용을 제한하거나 보충하여 적용하여야(적극적 의미) 한다.

소극적 의미의 헌법합치적 법률해석은 민주적 정당성을 지닌 의회의 입법(권)을 존중하고, 따라서 의회가 민주적 절차와 과정에 따라 제정한 법률은 헌법상 일단 효력이 있는 법으로 추정하는 것 (법률의 추정적 효력)을 의미한다. 이에 반해 적극적 의미의 헌법 합치적 법률해석은 입법도 헌법(적 가치)을 구체화하는 국가작용 이라는 점에서 헌법적 질서에서 벗어나는 법규범에 대해 제한받아 야 하고, 이는 헌법의 최고규범성에서 나오는 요청7)이라고 할 수 있다.

만일 "자신이 직접 조제"라는 문언을 의사의 조제권과 의료 분업권을 과잉으로 침해하지 않는 방향으로 해석할 수 있다면, 그 문언은 의사의 조제권과 의료분업권을 최소한 침해하면서 도 두 가지 목적을 동시적으로 달성하는 수단, 비례성원칙 가운 데 최소침해원칙을 충족시키는 수단이 된다고 볼 수 있다.

4) 경험적 판단과 결과지향적 법률해석

제23조 제4항이 의약품 오남용의 방지와 치료의 효율성이라 는 두 가지 목적을 달성하는 적정한 방법이며, 최소침해의 방법 인지에 대한 판단은 앞에서 설명한 바와 같이 "자신이 직접 조 제"라는 문언의 해석에 의존한다는 점에서 규범적 판단의 성격 을 띤다. 하지만 이 판단은 임상현실, 특히 조제에 관한 수직적

---

7) 흔히 헌법의 최고규범성만이 아니라 그로부터 나오는 법질서의 통일 성을 헌법합치적 법률해석의 이론적 근거라고 본다[허영,『헌법이론 과 헌법』(박영사, 2013), 116쪽]. 그러나 헌법의 최고규범성과 법질서 의 통일성은 구별되어야 한다. 다원주의 사회에서 법률이 추구하는 가치는 통일적으로 파악될 수 없고, 탈중심화되고 있으며, 이런 다원 주의적 가치도 각각 최고규범으로서 헌법의 질서 안에 통합될 수 있 다고 보아야 하기 때문이다. 다시 말해 법다원주의(legal pluralism)는 법규범의 통일성을 붕괴시키기는 하지만, 여전히 헌정질서 아래 있는 것이다.

의료분업의 제한이 그 의료기관이 현실적으로 기능하기 위한
전제조건을 파괴할 것인지를 고려하여야 한다는 점에서 경험
적 판단의 성격을 띠기도 하는 것이다.

가령 간호(조무)사에게 조제를 위임하되 간호(조무)사의 조제
공정에 대한 '간헐적인 심사'를 할 의무를 의사에게 부여하는
것은 병원급의 의료기관에서는 의약품 오남용의 방지와 치료
의 효율성을 동시에 도모하는 해석일 수 있지만, 수 많은 환자
가 몰리는 3차 의료기관인 상급종합병원에서 의약품을 처방하
는 의사에게 그와 같은 조제공정에 대한 감독을 기대하기는 어
렵다. 그런 의무를 부과하고 이행하여야 한다면, 상급종합병원
의 진료기능은 마비될 것이다. 이처럼 법률목적을 달성하려는
해석을 하는 경우에 장래에 실제로 (경험적으로) 발생할 것으로
예측되는 실제적 결과를 고려하여 법률해석을 반성적으로 다
시 조정하는 것을 결과고려 법률해석(Folgenbrücksichtigung)[8]
이라고 부른다. 목적론적 법률해석이 입법취지라는 입력(input)
을 중심으로 한 해석이라면, 결과지향적 법률해석은 산출
(output)을 중심으로 한 해석이라 할 수 있다.

(3) 직접 조제 조항의 적정성과 최소침해성 준수에 대한 판단

"자신이 직접 조제"라는 법문언(에 의한 의사의 조제권과 의료
분업권에 대한 제한)이 의약품 오남용의 방지와 치료의 효율성이
라는 두 가지 목적을 달성하는 적합한 방법이면서 의사의 조제
권과 의료분업권을 최소로 침해하는 방법이 되는지 여부는 이

---

8) 결과고려 방법론의 대표적인 문헌으로 Sambuc, *Folgenberücksichtigungen
  im Privatrecht* (1977); G. Lübbe-Wolf, *Rechtsfolgen und Realfolgen*
  (1981); 이상돈, 『기초법학』(법문사, 2010), 681~682쪽 참조.

상에서 설명한 경험적 판단을 기초로 하는 —바꿔 말해 결과지향적 법률해석에 의해 견제되는— 목적론적 해석과 헌법합치적 해석이 성공할 수 있는 것인지에 달려 있다고 말할 수 있다.

1) 헌법합치적, 목적론적 법률해석의 제안

그런 해석으로 예컨대 아래의 도표와 같이 의료기관의 종별마다 "자신이 직접 조제"함의 의미를 간호(조무)사에게 조제를 위임하되, 처방한 의사의 감독의무를 네 가지 단계로 차등화하는 해석을 생각해 볼 수 있다.

예를 들어 간호가 조직화되고, 전문화되고, 체계화된 상급종합병원의 경우에는 그런 간호체계가 간호사의 조제공정에 대한 지휘·감독 기능을 발휘하기 때문에 의사는 그런 간호체계가 정상적으로 기능하도록 관리하는 의무만을 진다(도표의 ①). 이에 정반대로 의원의 경우는 그러한 간호체계가 없고, 대개 간호(조무)사 몇 명이 조제를 하는 현실이므로, 의사는 간호(조무)사의 조제공정을 개인적으로 물샐틈없이 감시할 의무를 져야만 한다(도표의 ④).

이 둘 사이에 종합병원과 병원이 위치한다. 종합병원에서는 조직화된 간호체계가 확립되어 있고, 간호체계가 간호(조무)사의 조제공정을 상당한 정도로 지휘·감독한다는 점에서 의사는 샘플테스트적인 심사만 할 의무를 진다(도표의 ②). 이에 비해 병원에서는 간호조직은 있으나 전문화, 체계화가 되지 않아서 간호(조무)사의 조제공정을 약하게 지휘·감독한다는 점에서 의사는 종합병원보다는 강하지만, 의원보다는 약한 감독의무, 즉 조제공정에 대한 간헐적인 심사의 의무를 진다(도표의 ③)고 볼 수 있다. 이를 다음 도표가 나타내고 있다.

	간호의 조직화, 전문화, 체계화의 정도 (A)	조제위임에서 의사의 감독의무의 정도 (B)	A+B = C
① 상급종합병원	높음	간호체계의 관리	실질적 지휘·감독
② 종합병원	중간	샘플 테스트	
③ 병원	낮음	간헐적 심사	
④ 의원	없음	물 샐 틈 없는 감시	

이 도표에서 보듯 간호의 조직화, 전문화, 체계화 정도가 높아질수록 조제를 간호(조무)사에게 위임할 때 의사가 수행할 지휘·감독의 의무는 그 정도가 약해진다고 볼 수 있다. 이런 해석은 한편으로는 의약품 오남용의 방지 목적을 달성하기 위해 의료분업권을 제한하면서도 다른 한편으로는 의료기관이 기능하기 위해 의약품을 처방한 의사의 지휘·감독의무를 각 종별마다 평균적으로 이행을 기대할 수 있는 수준으로 최소화함으로써 치료의 효율성을 도모하는 것이다.

2) 타당성이 아닌 타당할 가능성으로서 합헌성

물론 이런 해석은 목적론적 해석으로서 그리고 헌법합치적 해석으로서 (그리고 결과지향적 법률해석으로서도) 타당할 가능성이 있는 것이어야 한다.

㈎ 문법적 해석에 의한 반증 없음

이 가능성은 "자신이 직접 조제"라는 문언이 1963년 개정 약사법 부칙 제3조의 문언과 완전히 같다는 점을 고려하고, 제23조 제1항(약사의 조제권)과 함께 체계적으로 해석하면 "자신이 직접"이라는 문언의 확실한 의미는 약사에 의한 조제, 즉 제3자에 의해 간접(으로) 조제하지 않음을 뜻하는 데 그친다는 점에서 일단 부정될 수 없다. 즉, 현재까지는 이런 해석의 타당성이 반증되지는 않은 것이며, 그 한에서 위와 같은 목적론적 해석은 적어도 헌법합치적 해석으로서 타당할 가능성이 있다고 말할 수 있다.

⑷ 헌법합치적 해석의 가능성

여기서 이런 해석이 적극적으로 타당성까지 실제로 얻을 수 있는 것인지 여부는 중요하지 않다. 입법자의 형성의 자유를 고려할 때 헌법재판은 입법의 타당성을 최종적으로 심사하는 것이 아니다. 헌법재판은 위헌소지가 있는 법률도 헌법합치적으로 운영할 가능성이 있는지를 심사하여, 그 가능성이 인정된다면 의회가 제정한 법률을 함부로 위헌이라고 결정해서는 안 되기 때문이다. 따라서 위와 같은 해석이 타당할 가능성이 있는 것인 한, 제23조 제4항의 문언은 비례성의 요소로서 방법의 적정성과 최소침해성을 위반하여 위헌이라고 볼 수는 없다.

3) 실질적 지휘 · 감독

이처럼 간호의 조직화, 전문화, 체계화의 정도와 의사의 지휘감독의 정도를 종합적으로 고려하여 간호(조무)사에게 조제를 위임하되, 그로 인해 발생하는 의약품 오남용을 충분히 방지할 수 있게 하는 조제공정에 대한 지휘 · 감독을 '실질적 지휘 · 감독'이라고 개념화할 필요가 있다.

㈎ 대법원의 구체적 지휘 · 감독 개념

이런 개념은 대법원이 정립한 "구체적이고 즉각적인 지휘 · 감독"(줄여서 구체적 지휘 · 감독)과 그 "실질적 가능성"의 개념과 차이가 있다.

> "'의사의 지시에 따른 간호사 등의 조제행위'를 '의사 자신의 직접 조제행위'로 법률상 평가할 수 있으려면 의사가 실제로 간호사 등의 조제행위에 대하여 구체적이고 즉각적인 지휘 · 감독을 하였거나 적어도 당해 의료기관의 규모와 입원환자의 수, 조제실의 위치, 사용되는 의약품의 종류와 효능 등에 비추어 그러한 지휘 · 감독이 실질적으로 가능하였던 것으로 인정되고, 또 의사의 환자에 대한 복약지도도 제대로 이루어진 경우라야만 할 것이다."(대판 2006도4418)

㈏ 구체적, 일반적, 실질적 지휘 · 감독

실질적 지휘 · 감독은 구체적 지휘 · 감독이든 일반적 지휘 · 감독이든 모두 포함한다. 즉, 상급종합병원에서 간호사의 조제공정에 대한 구체적인 지휘 · 감독기능을 수행하는 전문화되고 체계화된 간호조직에 대한 의사의 관리감독은 구체적인 지휘 · 감독이 아니라 '일반적인' 지휘 · 감독 또는 '시스템적인' 지휘 · 감독이다. 그러므로 대법원이 말하는 구체적 지휘 · 감독의 "실질적 가능성"은 주로 종합병원이나 병원급에서 인적 물적 규모 등에 비추어 (입증되지 않았지만) 의사의 구체적 지휘 · 감독이 있었는지를 '사실상 추정'하기 위한 개념으로 기능하는 것으로 보인다. 바로 그 점에서 상급종합병원에서 의사가 수행하는 일반적 또는 시스템적 지휘 · 감독은 판례의 "구체적이고 즉각적인 지휘·감독"과 그 "실질적 가능성"에 해당하지 않는 개념이라고 볼 수 있다.

4) 실질적 지휘·감독을 전제로 한 합헌성

따라서 간호(조무)사에게 위임된 조제공정에 대한 '실질적인 지휘·감독'이 있는 경우에는 제23조 제4항의 "자신이 직접 조제"의 문언에 해당한다고 보는 법률해석이 목적론적, 헌법합치적, 결과지향적 법률해석으로서 타당할 가능성이 있는 한, 제23조 제4항의 "자신이 직접 조제"라는 문언은 의사의 진료권으로서 입원환자 등에 대한 조제권 및 간호(조무)사와의 의료분업권을 과잉으로 (방법의 적정성과 최소침해성의 원칙에 위배하여) 침해하는 것이 아니라고 볼 수 있다.

4. 목적과 수단의 가치균형성

다음으로 약사법 제23조 제4항이 진료권으로서 조제권에 대한 제한이 균형성의 요청을 충족하는지를 살펴본다.

(1) 가치결정으로서 균형성

이 문제를 검토할 때 주의할 점은 방법의 적정성(목적달성의 적합성)과 최소침해성은 경험적인 문제인 데 반해, 법익의 균형성은 재량적인 가치결단(Gestaltungsspielraum)의 문제라는 점이다.[9] 경험적인 문제는 시행과 실패(착오), 교정 후 시행과 실패

---

9) 입법형성영역에 대해 자세히는 이상돈, 『헌법재판과 형법정책』(고려대출판부, 2005), 104쪽.

등의 과정을 거쳐야 비로소 판단될 수 있기 때문에 그 판단이 실제로는 매우 어렵다. 이에 비해 균형성은 궁극적으로는 가치판단과 가치결정에 의존하게 되며, 입법자는 기본적으로 그런 가치문제에 대해 '평가재량권'(Einschätzungsprärogative)[10]을 갖는다는 점에서 손쉬운 측면이 있다. 물론 가치결정의 객관성이 담보되기 어렵다는 점에서는 경험적 판단의 문제보다 더 어렵다고 볼 수도 있다.

(2) 국민건강권의 강화를 위한 가치결정과 (원내)조제권 제한 의 가치균형성

이를테면 의약분업 이전과 비교하여 축소되는 의사의 조제권(의료분업권)이라는 법익보다는 '국민 건강권의 강화'라는 법익이 더 중대하거나 적어도 동등하다는 가치결정을 입법자는 어렵지 않게 할 수 있다. 의약분업제도의 실시 자체가 이미 선진각국의 의약분업제도 역사에서 확증된 가치에 대한 결단에서 이루어졌고, 그런 가치결단으로서 입법이 공론영역에서 민주적 의견수렴을 거쳐 이루어진 것인 한 균형성의 요청은 충족한다고 볼 수 있다. 물론 1999년에 펼쳐진 의약분업의 전격 도입을 위한 민주적 의견수렴과정에 다소 미흡한 점이 있었음을 인정할 수도 있을 것이다. 그러나 이후 의약분업은 그 효과에 대한 평가의 문제가 아직 논란이 있지만, 의약분업이 국민의 건강권을 더 잘 보호하고 실현하기 위한 것이라는 가치결단은 점점 더 많은 공감을 얻어 왔다고 볼 수 있다. 이렇게 볼 때 조제

---

10) 이 개념을 사용하는 Tiedemann, *Verfassung und Strafe* (1992), 51 쪽 참조.

권과 의료분업권을 제한하는 약사법 제23조 제4항은 균형성을
충족한다고 보아야 한다.

5. 비례성원칙 위반에 대한 결론

결론적으로 이렇게 볼 때 약사법 제23조 제4항의 "자신이 직
접 조제"라는 문언은 정당한 목적(치료의 효율성과 의약품 오남용
의 방지)을 달성하기 위한 비례적인 수단(방법)이 아니라는 명확
한 결론에 도달할 수는 없다.

IV. 헌법합치적 법률해석의 한계일탈 여부

약사법 제23조 제4항에 대한 목적론적, 결과지향적 그리고
헌법합치적 해석을 통해 "자신이 직접 조제"라는 문언은 의사
의 진료권(입원환자에 대한 조제권과 간호사와의 의료분업권)을 제
한함에 있어 비례성원칙에 위배되지 않는다고 할 수 있다. 그
러나 그와 같은 헌법합치적 해석이 타당할 가능성이 있는 것일
지라도 헌법재판소가 행하는 헌법합치적 법률해석에는 일정한
한계가 있다.

1. 헌법합치적 법률해석의 한계로서 법문언

즉, 헌법재판소가 행하는 헌법합치적 법률해석은 의회가 제
정한 ① 법률의 문언이 갖는 의미적 한계를 넘어서거나 ② 입법
취지(ratio legis) 또는 법목적(Gesetzeszweck)을 벗어나 새로운

입법취지나 법목적을 정립하는 것이어서는 안 된다. 왜냐하면 그런 법률해석은 입법권이 가지는 입법에서 '형성의 자유'(형성적 재량권, Gestaltungsfreiheit)를 지나치게 제한하는 것이기 때문이다.

그 밖에도 헌법합치적 법률해석은 그에 수반하여 이루어지는 헌법해석이 헌법텍스트의 의미적 한계를 넘어서거나 그 취지나 목적을 다르게 해석하는 헌법해석, 즉 헌법해석의 한계를 넘어서도 안 된다. 이를 헌법합치적 법률해석의 헌법수용적 한계[11]라고 개념화한다. 그러나 약사법 제23조 제4항의 위헌문제를 다룸에 있어 이 한계는 거의 문제되지 않는다.

이 가운데 앞에서 펼친 헌법합치적 법률해석을 통해 제23조 제4항의 법목적을 벗어나지 않는 헌법합치적 법률해석이 가능함을 알 수 있었다. 여기서는 그런 해석이 법률문언의 어의적 한계를 벗어난 것인지가 문제로 남는다.

의사가 "자신이 직접 조제"할 수 있다고 할 때, 조제는 처방에 따라 의약품을 개봉하고, 배합하거나 분량을 나누고 밀봉하는 단순 작업의 공정을 가리킨다.[12] 그리고 "자신이 직접 조제"한다는 것은 이런 공정을 '손수'(自手, eigenhändig) 하거나 적어

---

11) 이를 헌법수용적 한계라고 개념화하기도 한다. 이에 관하여 허영,『헌법이론과 헌법』, 박영사, 2013, 122쪽 참조.

12) "일정한 처방에 따라서 두 가지 이상의 의약품을 배합하거나 한 가지 의약품을 그대로 일정한 분량으로 나누어서 특정한 용법에 따라 특정인의 특정된 질병을 치료하거나 예방하는 등의 목적으로 사용하도록 약제를 만드는 것을 말한다."(약사법 제2조 제11호)

도 (간호사 등과) '함께 한다'는 것을 뜻한다.

여기서 손수 하거나 함께 하는 것을 포괄하여 참여한다고 개념화하고, 그 개념의 의미를 대법원이 정립한 직접 조제의 단어 사용규칙으로 설명해 보기로 하자.

2. 대법원의 단어사용규칙과 방법다원주의

(1) 대법원의 직접 조제의 해석

대법원은 "자신이 직접 조제"에 해당하는 조제로 ⓐ 의사의 손으로 한 조제, ⓑ 의사가 간호(조무)사를 기계적으로 이용한 조제, ⓒ 의사의 복약지도를 전제로 하고 의사의 '구체적이고 즉각적인 지휘·감독 또는 그 실질적 가능성' 아래서 하는 간호사 등이 하는 조제를 든 바 있다.

"의사의 의약품 직접 조제가 허용되는 경우에, 비록 의사가 ⓐ 자신의 손으로 의약품을 조제하지 아니하고 간호사 또는 간호조무사로 하여금 의약품을 배합하여 약제를 만들도록 하였다 하더라도 ⓑ 실질적으로는 간호사 등을 기계적으로 이용한 것에 불과하다면 의사 자신이 직접 조제한 것으로 볼 수도 있다고 할 것이지만, 의사와 약사가 환자 치료를 위한 역할을 분담하여 처방 및 조제 내용을 서로 점검·협력함으로써 불필요하거나 잘못된 투약을 방지하고 의사의 처방전을 공개함으로써 환자에게 처방된 약의 정보를 알 수 있게 하려는 의약분업 제도의 목적 및 취지, 이를 달성하기 위한 약사법의 관련 규정, 국민건강에 대한 침해 우려, 약화(藥禍) 사고의 발생가능성 등 여러 사정을 종합적으로 고려해 볼 때, ⓒ '의사의 지시에 따른 간호사 등의 조제행위'를 '의사 자신의 직접 조제행위'로 법률상 평가할 수 있으려면 의사가 실제로 간호사 등의 조제행위에 대하여 구체적이고 즉각적인 지휘·감독을 하였거나 적어도 당해 의료기관의 규모와 입원환자의 수, 조제실의 위치, 사용되는 의약품의 종류와 효능 등에 비추어 그러한 지휘·감독이 실질적으로 가능하였던 것으로 인정되고, 또 의사의 환자에 대한 복약지도도 제대로 이루어진 경우라야만 할 것이다."(대판 2006도4418)

이 가운데 두 경우 ⓐ, ⓑ만 조제공정에 의사가 참여하는 경우, 즉 "자신이 직접 조제"라는 문언의 의미적 한계를 넘어서지 않은 경우이며, ⓒ 형태의 조제는 의사가 조제공정에는 참여하지 않고, 지휘·감독만 하는 경우이므로 "자신이 직접 조제"라는 문언의 한계를 넘어선 것이라고 보아야 한다. ⓒ 형태의 조제는 (의약품 오남용의 방지뿐만 아니라 효율적 치료라는 목적을 좇은) 목적론적 확장해석에 따른 결과이다. 지휘·감독은 의사가 손수 또는 간호(조무)사를 수족처럼 이용하여 조제를 하는 것과는 구별된다. 물론 간호(조무)사가 조제를 하고, 의사가 조제공정을 지휘·감독하는 경우도 "자신이 직접 조제"라는 문언의 어의적 한계를 벗어나지 않은 것인지에 관해서는 언어감각에 따라서는 다르게 판단될 여지가 없는 것은 아니다.

(2) 법률해석에서 방법종합주의

문언의 어의적 한계가 불확실한 상황에서 대법원은 법률해석에서 '방법종합주의'(Methodensynkretismus)[13]를 취할 수 있

---

13) 이런 개념을 사용하는 Naucke, "Der Nutzen der subjektiven Auslegung im Strafrecht," *Festschrift für K Engische zum 70. Geburtstag* (Ffm., 1969), 278쪽.

다.14) 즉, 대법원은 "법적 안정성을 저해하지 않는 범위 내에서 구체적 타당성을 찾"기 위해 문법적 해석, 체계적 해석, 역사적 해석, 목적론적 해석의 방법들을 우열순위를 정하지 않고 종합적으로 사용할 수 있으며, 그래야 한다는 입장을 취하고 있다. 다음의 판례는 이러한 방법종합주의를 잘 보여주고 있다.

> "한편 실정법은 보편적이고 전형적인 사안을 염두에 두고 규정되기 마련이므로 사회현실에서 일어나는 다양한 사안에서 그 법을 적용함에 있어서는 구체적 사안에 맞는 가장 타당한 해결이 될 수 있도록 해석할 것도 또한 요구된다. 요컨대 법해석의 목표는 어디까지나 <u>법적 안정성을 저해하지 않는 범위 내에서 구체적 타당성을 찾는 데</u> 두어야 한다. 나아가 그러기 위해서는 가능한 한 법률에 사용된 문언의 통상적인 의미에 충실하게 해석하는 것을 원칙으로 하면서, 법률의 입법 취지와 목적, 그 제·개정 연혁, 법질서 전체와의 조화, 다른 법령과의 관계 등을 고려하는 체계적·논리적 해석방법을 추가적으로 동원함으로써, 위와 같은 법해석의 요청에 부응하는 타당한 해석을 하여야 한다."(대법원 2013.1.17. 선고 2011다83431 전원합의체 판결)

1) 문법해석의 안내기능과 목적론적 해석

가령 대법원은 법률문언의 통상적 의미를 출발점으로 삼기는 하지만, 그 문언의 의미적 한계가 '불명확한 경우'에 군이 그 한계를 획정하려 하지 말고, 그 밖의 해석방법들, 특히 법률의 입법취지를 고려하여 법적 안정성과 구체적 타당성을 동시

---

14) 방법종합주의를 체계적 법학의 진영에서 바라보면 무정부적인 방법 다원주의(anarchischer Methodenpluralismus)라는 개념으로 폄하될 수 있다.

에 도모하는 해석을 할 수 있다. 다시 말해 문법해석이 해석의 한계를 불확실하게 설정하는 기능('한계기능', Grenzfunktion)은 내버려 둔 채, 문법해석이 해석을 안내하는 기능('안내기능', Anleitungsfunktion)만을 받아들이고, 입법취지의 합리적 구성 등을 통해 구체적 타당성을 도모하는 해석을 할 수 있는 것이다.

예컨대 "자신이 직접 조제"라는 문언의 확고한 문법적 의미로는 입원환자 등에 대한 조제는 약사의 조제를 통하지 않고 할 수 있다는 것이며, 이 의미를 넘어서 이를테면 효율적 치료의 목적과 의약품 오남용 방지의 목적을 동시에 달성하기 위한 수단으로 의사가 간호(조무)사에게 조제(공정)를 위임하되, 의사가 그 조제공정을 구체적으로 지휘·감독하는 행위를 포함하는 목적론적 해석을 한 것으로 볼 수 있다.

2) 대법원의 법률보충적 법형성

여기서 이런 목적론적 해석이 "자신이 직접 조제"라는 문언의 어의적 한계를 벗어난 것이라고 본다면, 유형 ⓒ의 조제는 대법원이 약사법 제23조 제4항이 규정하고 있지 않은 분업적인 조제행위를 승인하는 법형성, 다시 말해 법의 흠결을 보충하는 법률보충적 법형성(Rechtsfortbildung praeter legem)을 한 셈이 된다. 하지만 이러한 법률보충적 법형성은, 약사법 제23조 제4항인 무면허의약품조제죄(제93조 제1항 제3호, 제23조 제1항)의 소극적인 구성요건(negativer Tatbestand)이고, 또한 그런 법형성이 피고인에게 유리하게 작용한다는 점에서 유추금지원칙에 위배되는 것은 아니다.

3. "자신이 직접 조제"의 위헌성

그러나 헌법재판소가 헌법합치적 법률해석을 하는 경우에는
─대법원의 이와 같은 법률해석이나 법률보충적 법형성과는
별개로─ "자신이 직접 조제"라는 문언의 통상적 의미(어의적
한계)에서 볼 때 의사의 진료권으로서 (수직적) 의료분업(조제의
분업적 실행)권을 침해하고 있는지를 판단하여야 한다.

(1) 헌법해석권과 법률해석권의 차이
여기서 먼저 헌법합치적 법률해석을 통해 법률의 위헌여부
를 최종적으로 판단하는 헌법재판소의 (최종적인) 헌법해석
권15)과 대법원의 최종적인 법률해석권이 구별됨을 이해할 필
요가 있다.

1) 대법원의 법률보충적 법형성과 헌재의 헌법합치적 법률해석
대법원은 헌법재판소가 단순합헌결정을 내려도 해당 법률을
제한하거나 확장하는 해석을 할 수 있고, 법규범의 흠결이 인정
되는 경우에는 형법상 유추금지원칙에 위배되지 않는 한 그 흠
결된 법규범을 보충적으로 형성(법률보충적 법형성, Rechts-
fortbildung praeter legem)할 권한을 갖고 있다. 이에 반해 헌법
재판소는 헌법합치적 법률해석을 할 때 (대법원이 해야 할) 법률

---

15) 헌법재판소의 최종적인 헌법해석권은 명문의 규정[예: 제2공화국 헌
법 제83조의3(헌법재판소는 다음 각 호의 사항을 관장한다. 1. 법률
의 위헌여부 심사 2. 헌법에 관한 최종적 해석…이하 생략)]은 없으나
당연히 인정되고 있다.

보충적 법형성을 (스스로 행하고 그것을) 통해 보완된 법률(규범)을 대상으로 하여 그 법률의 위헌여부를 판단해서는 안 된다. 왜냐하면 그것은 헌법재판소가 대법원의 최종적인 법률해석권을 월권적으로 행사하는 것이고, 그 결과 헌법재판소가 최종적인 법률해석권을 지닌 대법원 위에 있는 제4심이 될 위험16)이 높기 때문이다.

그러므로 대법원이 법률보충적 법형성을 포함하여 법률을 어떻게 해석하여 운영할 것인지와는 별개로 헌법재판소는 입법자가 제정한 '법률의 문언'이나 확인 가능한 '법목적'을 두고, 그것이 헌법적 가치와 질서에 위배되는지를 판단해야 한다.

2) 헌재의 헌법수호책무와 법문언의 한계에 대한 필수적인 고려

따라서 헌법재판소가 어떤 법률의 위헌여부를 판단하기 위해 헌법합치적 법률해석을 하는 경우에는 법률문언의 '어의적 한계'가 불명확하다고 하여, 문법적 해석의 '한계기능'(Grenz-funktion)을 잠재워 둘 수는 없다. 즉, 법률문언의 의미적 한계

---

16) 국민의 기본권보장에 도움이 된다면 헌법재판소가 사법부의 제4심이 되더라도 권력분립원리에 반하지 않는다고 보는 견해[장영수, "헌법재판소 변형결정의 구속력,"『고려대 법학연구원 판례연구』(제9권, 1998), 60쪽]도 있다. 그러나 이와는 정반대로 헌법재판소가 제4심이 되지 않는 권력분립의 실현을 통해 오히려 기본권보장이 더 실효성 있게 된다는 점을 간과해서는 안 된다. 소수의 헌법재판관들이 또 다른 법전문가 집단인 법원조직의 최상층부에 위치한다면, 입법부는 물론이고 사법부와 헌법재판소의 다원적인 구조와 권력균형 속에서 가능한 헌법실현이 저해될 것이기 때문이다.

는 불확실하더라도 —그리고 설령 그 불확실성이 역사적 또는
목적론적 법률해석 등을 통해 해소될 수 있을지라도— 헌법재
판소는 최대한 통상적 의미라고 볼 수 있는 그 문언의 의미(어
의적 한계)를 확정하고 그것을 기준으로 그 법률(규범)이 헌법적
가치와 질서에 위배되었는지를 판단해야 한다. 이는 헌법을 수
호할 헌법재판소의 책무에서 나오는 요청이다.

(2) 직업수행의 자유의 침해

앞서 본 바와 같이 "자신이 직접 조제"라는 문언은 조제가 단
순 기계적 작업임을 고려할 때 의사가 어떤 방식으로든 조제공
정에 참여하는 것을 말한다. 따라서 조제를 간호(조무)사에게
위임하는 것은 이 문언의 어의적 한계를 벗어난 것이라고 보아
야 한다. 이에 의하면 의료기관 종별로 다음과 같은 직업수행
의 자유에 속하는 의사의 의료분업권과 간호사의 진료보조권
및 간호조무사의 간호보조권이 침해된다.

- **의원**에서 의사가 물 샐 틈 없는 감시(예: 하루 수차례 조제공정
  의 지휘·감독)를 하면서 주사제의 조제를 간호조무사에게 위임
  하여 환자에게 주사하는 (수직적) 의료분업을 할 권리(아래 도표
  의 ③)
- **병원**에서 의사가 간헐적 심사(예: 매주 또는 격주 한두 차례 간
  호사나 간호조무사의 조제공정을 지휘·감독)를 통해 그리고 간
  호조직의 지휘·통제를 받으면서 간호사나 간호조무사에게 조제
  를 위임하는 (수직적) 의료분업을 할 권리(아래 도표의 ③)
- **종합병원**에서 의사가 샘플테스트 형태의 심사(예: 분기별 한두
  차례 간호사나 간호조무사의 조제공정을 무작위로 선택하여 조
  제분업의 정상적 이행을 체크함)를 통해, 그리고 간호조직의

지휘·통제와 상호감시 및 정보교환의 체계 속에서 간호사(경우에 따라서는 간호조무사)에게 조제를 위임하는 (수직적) 의료분업을 할 권리(아래 도표의 ③ 또는 ④)

— **상급종합병원**에서 의사가 간호조직의 지휘·통제 하에 전문화되고, 상호감시와 정보교환이 이루어지는 체계 속에서 간호사에게 조제를 위임하는 (수직적) 의료분업을 할 권리(아래 도표의 ⑤)

이를 도표로 나타내면 아래와 같다.

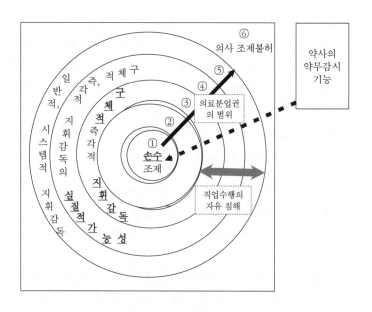

(3) 헌법재판소에 의한 헌법합치적 해석의 한계 일탈과 위헌성

약사법 제23조 제4항의 "자신이 직접 조제"라는 문언은 물론 이상과 같은 —간호(조무)사에게 위임된 조제공정에 대한 실질적 지휘·감독이 이루어지는 한— 조제에 관한 의사와 간호(조

무)사 사이의 의료분업을 허용하는 것으로, 즉 합리적인 범위에서 (즉 효율적 치료의 목적과 의약품 오남용 방지 목적을 동시적으로 달성할 수 있는 범위에서) 의사의 의료분업권, 간호사의 진료보조권, 간호조무사의 간호보조권을 헌법상 "직업수행의 자유"로 보호하는 방향으로 해석(헌법합치적 해석)될 수 있다.

그러나 이 헌법합치적 해석은 '법률보충적 법형성'(Rechts-fortbildung praeter legem)을 할 권한을 가진 대법원의 법률해석으로는 타당할 수 있지만, "자신이 직접 조제"라는 문언의 어의적 한계를 넘어선 것이라는 점에서 이는 헌법재판소가 위헌판단을 할 때 지켜야 하는 '헌법합치적 해석의 어의적 한계'를 넘어선 것이 된다.

그리고 그처럼 "자신이 직접 조제"라는 문언의 어의적 한계를 넘어선 해석을 해야만 비로소 의사의 진료권, 간호사의 진료보조권 및 간호조무사의 간호보조권을 인정한 의료법과 약사법 제23조 제4항이 ―치료의 효율성과 의약품 오남용 방지의 동시적 달성이라는 목적의 관점에서 볼 때― 그 '규범의 내용'에서 상호 배치되거나 모순되지 않는 것이라면, 제23조 제4항은 그 한에서는 체계정당성(Systemgerechtigkeit)의 원리에 위배된 입법으로서 의료인의 직업수행의 자유를 과잉 제한하는 법률이 된다. 따라서 헌법재판소는 "자신이 직접"이라는 문언의 위헌성을 인정하여야 한다.

V. 형벌법규로서 제23조 제4항의 위헌성

지금까지 검토한 약사법 제23조 제4항의 "자신이 직접"이라는 문언이 의사의 직업수행의 자유나 진료권을 과잉으로 제한하는 점에서 위헌이라는 판단 이외에 또 다른 위헌요소가 있다. 그것은 제23조 제4항을 위반한 의사가 받게 되는 형사처벌이 명확성원칙이나 과잉금지원칙 또는 형법상 책임주의(Schuldprinzip)에 위배될 수 있다는 점이다.

1. 지휘 · 감독 없는 조제위임행위의 벌칙적용

현행 약사법에서 입원환자 등에 대한 의사의 조제권을 부여하는 규정인 약사법 제23조 제4항은 형벌법규(제93조 제1항 제3호, 제95조 제1항 제3호)를 형성하는 범죄구성요건이기도 하다. 약사법 제93조 제1항 제3호는 무면허의약품조제행위(제23조 제1항)를 5년 이하의 징역 또는 2천만원 이하의 벌금으로 무겁게 처벌하고 있고, 제95조 제1항 제3호(이하 직접 조제규정위반죄로 칭함)는 제23조 제4항 위반행위를 1년 이하의 징역 또는 3백만원 이하의 벌금으로 상대적으로 가볍게 처벌하고 있다.

> 현행 약사법 제93조 【벌칙】 ① 다음 각 호의 어느 하나에 해당하는 자는 5년 이하의 징역 또는 2천만원 이하의 벌금에 처한다.
> 3. 제23조 제1항을 위반한 자
> 제95조 【벌칙】 ① 다음 각 호의 어느 하나에 해당하는 자는 1년 이하의 징역 또는 300만원 이하의 벌금에 처한다.
> 3. 제23조 제2항 · 제3항 · 제4항 · 제6항 · 제7항을 위반한 자

여기서 의사가 간호(조무)사에게 조제를 위임하면서 제23조 제4항의 "직접 조제"에 해당하는 지휘 · 감독을 하지 않은 행위

는 제23조 제1항에 해당하는 무면허의약품조제행위인지, 만일 그러하다면 그에 대한 벌칙조항인 제93조 제1항 제3호(무면허 의약품조제죄)의 법정형은 그와 같은 의사의 행위에 비해 과잉 형벌이 아닌지가 문제로 등장한다.

(1) 제23조 제4항 위반의 유형

이 문제를 검토하기 위해 먼저 제23조 제4항에 위반하는 행위의 유형은 다음 두 가지로 나눌 필요가 있다.

- ⓐ 내포적 일탈행위　제23조 제4항의 각 호의 어느 하나에 해당하지만 "자신이 직접 조제"하지 않은 경우 (예: 의사가 입원환자에 대한 조제를 간호(조무)사에게 위임하고 지휘·감독을 전혀 하지 않은 경우)
- ⓑ 외연적 일탈행위　제23조 제4항의 각 호의 어느 하나에 해당하지 않는데도 의사가 조제행위를 한 경우 (예: 의사가 외래환자에 대해 의약품을 손수 조제하여 투약한 경우)

앞(ⓐ)의 경우는 제23조 제4항이 의사에게 부여한 조제권의 범위(조제권의 수권범위) 안에 있긴 하지만 "자신이 직접"이라는 문언의 의미(=내포, 內包)에 해당하는 조제를 하지 않았다는 점에서 '내포적 일탈행위'라고 개념화할 수 있다. 이에 반해 뒤 (ⓑ)의 경우는 제23조 제4항이 의사에게 부여한 조제권의 '범위'(=외연, 外延), 즉 조제권의 수권범위를 벗어난 조제행위라는 점에서 '외연적 일탈행위'라고 개념화할 수 있다.

(2) 제93조 제1항 제3호와 제95조 제1항 제3호의 적용

그러면 의사가 간호(조무)사에게 입원환자 등에 대한 조제를 위임했지만, 지휘·감독을 하지 않아 "자신이 직접 조제"한 경우에 해당하지 않는 경우(즉, 제23조 제4항의 내포적 일탈행위)에 대해서는 제93조 제1항 제3호와 제95조 제1항 제3호 가운데 어느 벌칙조항을 적용해야 하는가?

현재 법원 실무는 그와 같은 의사의 행위에 대해 제93조 제1항 제3호(무면허의약품조제죄)를 적용하고 있다(대판 2006도4418; 2012 도10050).[17]

1) 의사면허범위 내의 위법한 조제

그러나 입원환자 등에 대한 조제는 의사면허에 근거하고 제23조 제4항 제4호에 의거하여 의사가 할 수 있는 조제이므로 —적어도 제23조 제4항을 의사에게 각 호의 경우에 조제권을 부여하는 '수권규정'(Ermächtigungsvorschrift)으로 보는 한— '무면허' 조제라고 보기 어렵다. 지휘·감독을 하지 않고 간호(조무)사에게 입원환자 등에 대한 조제를 하게 한 행위는 제23조 제4항의 "자신이 직접" 조제할 의무에 위반한 행위이며, 따라서 제95조 제1항 제3호(직접 조제의무 위반죄)의 벌칙조항이 적용되어야 한다. 법정형은 1년 이하의 징역 또는 300만원 이하의 벌금이다.

2) 의사면허범위 밖의 위법한 조제

이에 비해 의사가 외래환자에게 손수 의약품을 조제해 준 경

---

17) 이 판결들은 모두 상고기각판결이며, 항소심은 모두 약사법 제93조 제1항 제3호를 적용하여 유죄를 인정한 사건이다.

우처럼 제23조 제4항의 각 호의 어느 하나에도 해당하지 않는데도 의사가 조제를 하였다면, 그런 조제는 의사'면허'가 있는 자에게도 수권되지 않은 행위이므로 제23조 제1항을 위반하는 일종의 무면허(또는 면허범위 밖의) 조제행위가 되고, 따라서 제93조 제1항 제3호(무면허의약품조제죄)의 벌칙조항이 적용되어야 한다. 법정형은 5년 이하의 징역 또는 2천만원 이하의 벌금으로 상당히 무겁다.

3) 간호(조무)사의 조제에 대한 지휘·감독의무 위반과 무면허의약품조제죄의 적용

그러나 제23조 제1항의 의약분업제도가 궁극적으로는 의약품 오남용의 방지라는 목적을 좇는 것이고, 의사가 제23조 제4항의 각 호가 정한 수권범위를 넘어 (직접) 조제를 하는 경우(ⓑ 외연적 일탈행위)뿐만 아니라, 각 호의 어느 하나에 해당하지만 간호(조무)사에게 조제를 위임하면서 지휘·감독을 하지 않아 간호(조무)사의 조제과오로 의약품이 오·남용될 위험을 발생시키는 행위(ⓐ 내포적 일탈행위)도 그러한 목적의 달성을 어렵게 만드는 행위라는 점에서는 마찬가지이다. 다시 말해 제23조 제4항을 위반하는 행위는 그것이 내포적 일탈행위이건 외연적 일탈행위이건 제23조 제1항(및 제93조 제1항 제3호)의 보호법익을 위태화하는 행위라는 점에서 동시에 제23조 제1항을 위반하는 행위가 된다. 그렇기 때문에 제23조 제1항을 위반하는 행위뿐만 아니라 제4항을 위반하는 행위도 제93조 제1항 제3호의 높은 법정형에 의해 처벌받을 수 있게 된다.

게다가 제23조 제4항의 조제권 수권은 오로지 각 호의 어느 하나에 해당하고, 동시에 의사가 "자신이 직접" 조제하는 경우

	의사직접 조제규정위반죄		무면허의약품조제죄
벌칙조항	제95조(벌칙) ① 다음 각 호의 어느 하나에 해당하는 자는 1년 이하의 징역 또는 300만원 이하의 벌금에 처한다. 3. 제23조 제2항·제3항·제4항·제6항·제7항을 위반한 자		제93조(벌칙) ① 다음 각 호의 어느 하나에 해당하는 자는 5년 이하의 징역 또는 2천만원 이하의 벌금에 처한다. 3. 제23조 제1항을 위반한 자
구성요건	제23조(의약품 조제) ④ 제1항에도 불구하고 의사 또는 치과의사는 다음 각 호18)의 어느 하나에 해당하는 경우에는 자신이 직접 조제할 수 있다. 제1호 ~ 제14호 (특히 제3호는 응급환자 등, 제4호는 입원환자 등, 제5호의 주사제를 주사하는 경우)	▶ 소극적 구성요건	제23조(의약품 조제) ① 약사 및 한약사가 아니면 의약품을 조제할 수 없으며, 약사 및 한약사는 각각 면허 범위에서 의약품을 조제하여야 한다. (단서 생략)
사례	의사가 입원환자에 대한 조제를 간호(조무)사에게 위임하면서 지휘·감독을 하지 않는 행위		의사가 외래환자에 대한 조제를 하거나 간호(조무)사에게 조제하게 하는 행위

에만 국한된다는 해석을 한다면 지휘·감독 없이 간호(조무)사에게 조제를 시킨 행위(앞의 ⓐ 내포적 일탈행위)는 수권범위를 넘어선 조제행위(앞의 ⓑ 외연적 일탈행위)가 되는 것이다. 이로

---

18) 민간의료기관의 원내조제 문제로 가장 문제가 되는 경우는 제23조 제4항 각호 가운데 제3호("응급환자 및 조현병 또는 조울증 등으로 자신 또는 타인을 해칠 우려가 있는 정신질환자에 대하여 조제하는 경우"), 제4호["입원환자,「감염병의 예방 및 관리에 관한 법률」에 따른 제1군감염병환자 및「사회복지사업법」에 따른 사회복지시설에 입소한 자에 대하여 조제하는 경우(사회복지시설에서 숙식을 하지 아니하는 자인 경우에는 해당 시설을 이용하는 동안에 조제하는 경우만 해당한다"], 제5호("주사제를 주사하는 경우")이다.

써 제23조 제4항의 내포적 일탈행위와 외연적 일탈행위는 구분이 사라지게 된다. 따라서 제23조 제4항을 위반하는 행위는 모두 제23조 제1항을 위반한 행위가 되어, 무면허의약품조제죄(제93조 제1항 제3호)가 적용할 수 있게 된다.

2. 체계정당성의 원리 위반여부

이상의 검토를 통해 제23조 제4항의 "직접 조제"에 해당하지 않는 (지휘·감독 없이 간호사 등에게 조제를 하게 하는) 의사의 간접조제행위는 제95조 제1항 제3호의 불법을 구성하면서, 동시에 제93조 제1항 제3호의 불법을 구성하게 되는 불합리한 결과가 발생함을 알 수 있다.[19]

(1) 체계정당성의 위반

이러한 불합리한 결과를 두고 제23조 제4항의 "자신이 직접"이라는 문언은 체계정당성(Systemgerechtigkeit)의 원리에 위배된다고 볼 수 있다.[20]

---

19) 대법원의 대판 2006도4418 사건에서 상고가 기각된 항소심 판결은 같은 행위에 대해 약사법 제93조 제1항 제3호를 적용한 반면, 그 대법원 판결의 참조조문에는 당시 사건에 적용되는 구 약사법 제76조 제1항, 즉 현행 제95조 제1항 제3호가 기재되어 있다. 이 점이 대법원이 당시 사건에 적용될 약사법의 벌칙조항을 현행 제95조 제1항 제3호로 전제하고 상고를 기각한 것인지는 자세히 알 수 없다. 하지만 적어도 법원이 벌칙조항의 적용에서 혼란을 겪고 있다는 추정은 해봄직하다.

20) 우리나라 학계에서 체계정당성의 원칙에 관한 연구는 비교적 적은 편이다. 대표적으로는 홍완식, "체계정당성의 원리에 관한 연구,"『토지공법연구』(제29집, 2005), 467~490쪽 참조.

1) 헌법재판소의 입장

헌법재판소는 일찍이 과실의 교통사고로 사람을 다치게 하고 구호하지 않고 유기하고 도주함으로써 피해자를 사망에 이르게 한 행위에 대해 적용되었던 (구) 특정범죄가중처벌 등에 관한 법률 제5조의3 제2항 제1호가 "살인죄와 비교하여 그 법정형을 더 무겁게 한 것은 형벌체계상의 정당성과 균형을 상실한 것으로서 헌법 제10조의 인간으로서의 존엄과 가치를 보장한 국가의 의무와 헌법 제11조의 평등의 원칙 및 헌법 제37조 제2항의 과잉입법금지의 원칙에 반한다"(헌재결 90헌바24)21)고 하여 체계정당성의 원리가 위헌판단의 중요한 요소가 될 수 있음을 인정하였다.

더 나아가 헌법재판소[헌재결 2004헌바40, 2005헌바24(병합)]는 "체계정당성의 원리는 동일 규범 내에서 또는 상이한 규범 간에 그 규범의 구조나 내용 또는 규범의 근거가 되는 원칙 면에서 상호 배치되거나 모순되어서는 안 된다는 하나의 헌법적 요청"이라고 정의하고, 이 요청은 "국가공권력에 대한 통제와 이를 통한 국민의 자유와 권리의 보장을 이념으로 하는 법치주의 원리로부터 도출되는데, 이러한 체계정당성 위반은 비례의 원칙이나 평등의 원칙 등 일정한 헌법의 규정이나 원칙을 위반하여야만 비로소 위헌이 되며, 체계정당성의 위반을 정당화할 합리적인 사유의 존재에 대하여는 입법 재량이 인정된다"는 입장22)을 확립하였다.

---

21) 헌법재판소 1992.4.28. 90헌바24 결정.
22) 헌법재판소 2005.6.30. 2004헌바40, 2005헌바24(병합) 결정.

2) 체계성과 논리일관성의 흠결

헌법재판소가 말하는 체계정당성의 개념에서 '상호 배치되거나 상호 모순된다'는 것은 바꿔 말하면 체계성(Systemgemäßheit)과 논리일관성(Folgenrichtigkeit)이 없는 상태를 뜻한다.

우리나라 헌법학계에서는 간혹 Systemgemäßheit가 체계적합성으로 번역되기도 하지만, '체계성'이라는 개념이 더 의미에 충실한 번역이다. 또한 Folgerichtigkeit는 결과정당성이라고 번역되지만, 이는 오역에 가깝다. Folgerichtigkeit는 영어의 logical consistency, 즉 논리일관성이라는 의미를 갖는 개념이다.[23]

이는 법질서의 통일성에서 나오는 요청이다. 즉, 법질서는 스스로 모순적이어서는 안 된다는 것이다. 독일 연방헌법재판

---

23) 체계성이나 논리일관성의 요청은 법질서의 통일성을 도모하는 법치국가원리에서 도출되지만, 현대국가에서는 너무나 많은 법률들이 생산되고, 다양한 입법목적을 추구하기 때문에, 그 수많은 법규범들 사이의 체계성이나 논리일관성을 완전하게 실현한다는 것은 불가능하다. 그러므로 체계정당성의 원리 위반을 이유로 어떤 법률에 대해 위헌결정을 내리는 경우에는 입법권에 대한 침해가 일어날 수 있다. 헌법재판소가 체계정당성의 원리 위반만으로 위헌결정을 내릴 수 없다는 입장을 취하는 것도 같은 이유에서이다. 다른 체계성이나 논리일관성의 요청은 현대적인 법이론에서는 정합성(Coherance, Kohärenz)의 요청으로 발전하고 있다. 현대사회에서 법치국가성을 구성하는 법적 안정성은 법규범들 사이의 단순한 수직적 또는 수평적 체계성이나 논리일관성이 아니라 그 법규범들이 서로 조화롭게 합리적인 근거지음의 망을 형성함으로써 더 실현될 수 있다고 보는 것이다. 정합성의 개념에 대해 자세히는 R. Alexy, "Juristische Begründung, System und Kohäreny," in: Behrends (편), *Rechtsdogmatik und praktische Vernunft* (1990), 97쪽 아래; 이상돈, 『법이론』(박영사, 1996), 316쪽 아래 (제2절 정합성의 대화이론적 재구성) 참조.

소도 (특히 처벌법규의 경우에는 더욱더) 동일한 행위에 상이한 법위반의 효과가 발생하는 경우에 법질서의 체계성이나 논리일관성(Folgerichtigkeit)이 상실되어 체계정당성의 원리에 위배됨을 인정한다.[24]

그러나 상이한 목적을 추구하는 다양한 법규범들은 각각의 고유한 특성에 의거하여 다른 법규범과 차등적인 기준을 적용할 수 있다. 그렇기 때문에 체계성이나 논리일관성이란 단순히 각 법규범들의 외형상(문언상) 충돌이 없다는 점뿐만 아니라 (설령 그런 외형상 충돌이 없더라도) 각각의 근거지음들이 서로 모순이나 배치가 없음을 뜻한다.[25]

(2) "직접 조제" 문언의 체계정당성 상실 판단

1) 외형상의 체계성

제23조 제4항의 위반행위에 대한 형벌법규는 제95조 제1항 제3호("제23조 제4항을 위반한 자"), 그리고 제23조 제1항의 위반행위에 대한 형벌법규는 제93조 제1항 제3호("제23조 제1항을 위반한 자")라고 명문으로 규정한다. 따라서 제23조 제1항이나 제4항의 위반에 대한 형사처벌규정들은 외형상 아무런 모순이나 배치가 없다고 할 수 있다.

---

24) 이에 관해 자세히는 Hans Schneider, *Gesetzgebung* (C.F. Müller, 1982), 58~61쪽 참조. Schneider는 이를 정의의 일반적 요청 가운데 하나로 본다. 체계성과 논리일관성 이외에 사리합당성(Sachgemäßheit), 적절성(Angemessenheit)을 이런 요청의 하나로 바라보기도 한다.

25) 이상돈, 『법이론』(박영사, 1996), 318쪽 아래 참조.

2) 형벌조항의 체계정당성 상실

그러나 제23조 제4항이 설립하는 범죄구성요건은 제23조 제1항이 설립하는 범죄구성요건과 구별되지 못하고, 서로 뒤섞이면서 벌칙조항의 적용은 일관성을 잃어버리고 있다.

㈎ 가능규정으로서 제23조 제4항의 의무요소를 보충하는 제23조 제1항

이 점을 살펴보자. 제23조 제4항의 본문은 수권규정으로서("~할 수 있다"는) '가능규정'(Kann-Vorschrift)의 형태로 입법되어 있다. 따라서 수권범위 내에서 의사가 조제를 하되 "자신이 직접" 조제를 하지 않고 간호(조무)사를 시키는 행위는 제23조 제4항이 아니라 무면허조제를 금지하는 의무규정(Muss-Vorschrift)인 제23조 제1항에 의해서 비로소 형벌이 필요한 의무위반행위가 된다. 이를 달리 설명하면 제23조 제4항은 의사에게 각 호의 경우에 그것도 그 "자신이 직접 조제"하는 경우에만 조제권을 수권한다고 볼 수 있고, 그렇다면 지휘·감독 없이 간호(조무)사에게 조제를 시키는 행위는 수권범위 밖의 조제이고, 따라서 제23조 제1항을 위반하는 행위가 된다는 것이다.

㈏ 가능규정 속의 의무를 인정하는 해석

하지만 제23조 제4항의 "자신이 직접 조제할 수 있다"라는 문언이 각 호의 경우에 의사가 약사를 통하지 않고 조제를 하되, 그 '가능규정'이 의사가 자신이 '직접 조제해야 할 의무', 따라서 간호(조무)사에게 조제를 위임할 때에는 지휘·감독을 할 의무를 포함하고 있다고 해석한다면, 바꿔 말해 제23조 제4항이 가능규정일 뿐만 아니라 의무규정이기도 하다고 해석한다면, 지휘·감독을 하지 않고 간호(조무)사에게 조제시킨 행위는 제23조 제4항의 '(직접 조제)의무'를 위반한 것이고, 따라서 제95조 제1항 제3호를 적용하게 된다.

이로써 제23조 제1항 및 그 벌칙조항인 제93조 제1항 제3호와 제23조 제4항 및 그 벌칙조항인 제95조 제1항 제3호는 '체계성'을 이루지 못하고, 그 적용영역에서 논리일관성을 유지하지 못하고 있음을 알 수 있다. 이와 같은 체계성과 논리일관성을 상실한 형벌조항들의 불명확성은 바로 제23조 제4항의 "자신이 직접"이라는 문언에서 비롯된다. 따라서 제23조 제4항의 "자신이 직접"이라는 문언은 체계정당성의 원리에 위배되는 법률조항이 된다.

3. 범죄구성요건으로서 제23조 제4항의 명확성원칙 위배여부

이처럼 제23조 제4항을 위반하는 의사의 행위에 제93조 제1항 제3호가 적용되어야 하는지, 아니면 제95조 제1항 제3호가 적용되어야 하는지가 명확하지 않은 정도는 헌법에 위반될 정도로 심각하다고 판단된다. 그 이유를 살펴보자.

(1) 실무상의 어려움

제23조 제4항이 제95조 제1항 제3호의 구성요건으로 갖는 불명확성은 실무상으로도 매우 어려움을 주는 것으로 보인다. 가령 대법원 2012도10050의 사건을 보면 간호(조무)사에게 조제를 시키고 지휘·감독을 하지 않은 의사에 대하여 항소심 법원은 약사법 제93조 제1항 제3호의 무면허의약품조제죄를 인정하였고,[26] 대법원은 항소심판결에 대한 상고를 기각하였다.

그러나 대법원의 판결문의 참조조문에는 사건 당시의 (구) 약사법 제76조 제1항, 즉 현행 제95조 제1항 제3호를 기재하고 있다. 이는 판례 공보과정상의 단순한 (편집)실수(Redaktions-fehler)일 수 있다. 그러나 실무에서 그와 같은 사건을 접하는 대부분의 법률가들은 약사법상 어떤 벌칙조항을 적용해야 하는지 매우 혼란스럽다는 생각을 갖게 된다.

(2) 제거될 수 없는 구조적 결함

제23조 제4항의 "자신이 직접"이란 문언의 '의미론적 불명확성'과 그 가능규정의 성격에서 비롯되는 제95조 제1항 제3호의 '구문론적 불명확성'이 만일 법률해석을 통해 제거될 수 있다면, 제95조 제1항 제3호의 "제23조 제4항을 위반한 자"의 불명확성을 가져온 제23조 제4항의 법문언, 특히 "자신이 직접"이라는 문언은 헌법상 명확성원칙에 위배되어 위헌결정을 받을 수는 없을 것이다.

그러나 제23조 제4항의 법문언은 해석에 의해 제거되기 어려운 구조적 결함의 성격을 띠는 불명확성을 갖고 있다. 이 점을 살펴본다.

1) 제23조 제4항 위반의 이중적 효과

형법학의 범죄체계론에서 보면 제23조 제4항은 그 규정에 '위반'할 경우에 제95조 제1항 제3호의 범죄가 성립하게 된다는 점에서 그 범죄규정의 '적극적' 구성요건(positiver Tatbestand)이면서, 동시에 그 규정의 요건을 '충족'하는 경우에는 제93조 제1

---

26) 광주지법 2006.6.16.선고 2006노357 판결.

항 제3호의 구성요건해당성, 즉 "제23조 제1항을 위반"이라는 구성요건해당성을 탈락시킨다는 점에서 무면허의약품조제죄(제93조 제1항 제3호)의 '소극적' 구성요건(negativer Tatbestand)이라고 볼 수 있다.

2) 경합범과의 차이점

이런 이중성은 형법상 하나의 행위가 외견상 여러 범죄구성요건에 해당하는 그러나 실제로는 하나의 구성요건에만 해당하는 법조경합이나, 하나의 행위가 여러 범죄구성요건에 해당하는 상상적 경합(형법 제40조) 그리고 수 개의 행위가 수 개의 구성요건에 해당하는 실체적 경합(형법 제38조)과는 구분되어야 한다. 제23조 제4항이 범죄구성요건으로서 갖는 이중성은 제23조 제4항을 위반하는 행위, 즉 하나의 구성요건적 행위에 서로 상이한 복수의 (즉 제93조 제1항 제3호와 제95조 제1항 제3호의) 법적 효과(형벌)가 귀속되고 있기 때문이다. 다시 말해 법적 요건은 하나의 요건을 충족한 행위인데, 그 행위에 귀속되는 법적 효과는 수 개인 경우이다.

3) 명확성원칙에 위배되는 위헌성

이런 구조적 결함은 제23조 제4항의 불명확성이 법률해석으로 제거되기 어려운 것임을 말해준다. 따라서 제23조 제4항은 헌법에 위반될 정도로 불명확한 형벌법규(범죄구성요건의 중요 부분)라고 보아야 한다.

4. 범죄구성요건으로서 제23조 제4항의 과잉금지원칙 위배

(1) 무면허의약품조제죄의 소극적 구성요건으로서 제23조 제4항

의사가 입원환자 등에 대한 조제를 간호(조무)사에게 위임하고 구체적이고 즉각적인 지휘·감독을 하지 않은 행위는 판례에 의하면 제23조 제4항의 "자신이 직접"에 해당하지 않으며, 이런 의사의 행위는 제23조 제4항이 의사면허가 있는 자에게 부여한 조제권의 범위를 벗어난 것이 된다는 점에서, 제23조 제1항(무면허의약품조제의 금지)을 위반하는 행위가 되고, 따라서 제93조 제1항 제3호(무면허의약품조제죄)가 적용된다. 이때의 법정형은 5년 이하의 징역 또는 2천만원 이하의 벌금이다.

이러한 결론은 제23조 제4항이 의사는 "자신이 직접 조제"할 수 있다고 표현하고 있고, 제23조 제4항이 제93조 제1항 제3호의 적극적 구성요건인 제23조 제1항에 대응해 있는 소극적 구성요건으로서 기능하기 때문이다. 그러니까 만일 의사가 입원환자 등에 대한 조제를 간호(조무)사에게 위임하면서 판례가 요구하는 지휘·감독을 하였다면 그의 행위는 제23조 제4항에 해당하고, 이로써 약사면허가 없이 조제를 하였음에도 불구하고 제23조 제1항을 위반하는 무면허의약품조제죄(제93조 제1항 제3호)에 해당하지 않게 된다.

이처럼 제93조 제1항 제3호의 소극적 구성요건으로서 기능하는 제23조 제4항의 "자신이 직접"이라는 문언은 과잉금지원칙에 위배되는지가 문제된다. 왜냐하면 병원내의 입원환자에 대한 간호(조무)사의 조제와 투약에 대해 구체적이고 즉각적인 지휘·감독을 하지 않은 부작위 행위가 5년 이하의 징역이라는

무거운 법정형에 처할 정도로 중대한 범죄인지는 매우 의문이
기 때문이다.

(2) 보호법익과 법정형의 심한 불균형성

비례성원칙 또는 과잉금지원칙에 의하면 범죄구성요건은 그
구성요건이 보호하려는 법익의 중대성을 고려하여 그 법익보
호의 목적과 법정형이 (가치적인) 균형을 이루어야 한다. 약사
법상 무면허의약품조제죄(제93조 제1항 제3호)의 보호법익은 ―
즉, 그 적극적 구성요건인 제23조 제1항이나 소극적 구성요건
인 제23조 제4항의 보호법익은― '의약품 오남용의 방지'이다.
의약품 오남용의 방지를 위해 간호(조무)사에게 조제를 위임하
면서 지휘·감독을 제대로 하지 않은 의사의 책임(Schuld)과 5
년 이하의 징역 또는 2천만원 이하의 벌금이라는 법정형(형벌
Strafe)은 균형을 이루고 있을까?

1) 시퀀스로서 의료행위

병원 내에서 입원환자 등에 대한 간호(조무)사의 조제는 간호
(조무)사가 완전히 독립되어 시행하는 의료행위가 아니라, 고도
로 전문적인 분업의 형태로 이루어지는 진찰, 검사, 진단, 수술,
처방, 투약의 행위들을 해나가면서 지속적으로 환자의 상태를
관찰하고, 더 나은 치료를 향해 끊임없이 그 의료행위들을 개선
해가는 시퀀스(sequence)로서의 의료행위[27)]의 단지 한 부분을
구성할 뿐이다. 의사의 지휘·감독이 없었고, 바로 그로 인하

---

27) 의료행위를 시퀀스로 바라보는 이해로 김나경, "의사의 설명의무와
　　법적 이해,"『한국의료법학회지』(제15권 제1호, 2007), 7~28쪽, 특히
　　14쪽 아래 참조.

여 방지하지 못한 간호(조무)사의 조제상 과오가 발생한 경우에도 하루 삼교대로 일하는 다음 근무 간호(조무)사들에 의해 투약내용이 체크되고, 환자의 상태변화에 대한 지속적이고 면밀한 관찰과 보고가 이루어지며, 그에 따라 의사는 즉각적인 조치를 취한다. 그렇기 때문에 간호(조무)사의 조제과오로 인한 의약품 오남용은 시스템적으로 예방되고 있는 것이며, 설령 조제과오가 있어도 며칠 또는 몇 주마다 진료를 받는 외래통원환자의 경우와 달리 '즉각적으로' 교정된다. 그러므로 간호(조무)사의 조제공정에 대한 의사의 지휘·감독의무의 불이행은 무면허의약품조제죄의 보호법익을 침해할 가능성이 매우 낮다고 볼 수 있다.

2) "자신이 직접"의 규범영역으로서 위험도가 낮은 조제위임

의사가 "자신이 직접 조제"하지 않아 제93조 제1항 제3호가 적용되는 사례군은 구체적이고 즉각적인 지휘·감독을 하지 않은 채 간호(조무)사에게 조제를 시킨 경우들이다.

그런데 병원의 임상현실을 보면 의사가 간호(조무)사에게 조제를 위임하는 것은 주로 간호(조무)사에 의해 기계적이고 반복적으로 수행해도 무방한 의약품들에 국한된다는 점이다. 환자의 경제적 이해관계가 큰 고가의 약이나 위험도가 높은 의약품의 조제는 의사가 '손수'(自手, eigenhändig) 행하기 때문에 (소극적 구성요건인 제23조 제4항에 해당하지 않음으로써) 제23조 제1항을 위반하고, 그에 따라 제93조 제1항 제3호가 적용되는 현실영역이 아니라는 점이다.

이처럼 위험도가 낮은, 기계적·반복적 공정의 성격을 지닌 의약품의 조제(공정)를 간호(조무)사에게 위임하고 구체적이고 즉각적인 지휘·감독을 하지 않은 의사의 부작위행위에 대해 —"자신이 직접"이라는 문언으로 인하여— 5년 이하의 징역 또는 2천만원 이하의 벌금의 형벌을 부과하는 것은 과잉금지원칙이나 책임원칙에 위배된다고 볼 수밖에 없다.

3) 부작위 거동범의 낮은 불법과 과잉형벌

그러니까 시퀀스로서 의료행위의 일부를 구성하는 조제, 그것도 기계적 공정의 성격을 띠는 의약품의 조제를 간호(조무)사에게 위임하고 지휘·감독을 하지 않은 의사의 행위를 무면허의약품조제죄(제93조 제1항 제3호)로 처벌한다고 할 때, 그 행위는 부작위의 거동범(擧動犯)이 된다. 여기서 무면허의약품조제죄가 부작위의 거동범인 점은 무면허의약품조제죄는 의약품 오남용의 방지라는 '보편적 법익'을 위태화하는 조제행위를 —결과의 발생이 없이— 처벌하는 추상적 위험범인 점에서 비롯된다.

㈎ 일탈행위의 중대성이 매우 약한 부작위범

이처럼 법익침해나 구체적 위태화의 전 단계(Vorfeld)에 머물러 있는 거동범에 대한 법정형으로서 5년 이하의 징역 또는 2천만원 이하의 벌금은 과잉형벌이라고 보아야 한다.

만일 제23조 제4항이 "자신이 직접"이라는 문언을 갖고 있지 않고, 그래서 해석상 의사가 간호(조무)사에게 조제를 위임하고 지휘·감독을 하지 않은 행위를 제23조 제4항 위반죄, 즉 제95조 제1항 제3호의 구성요건을 적용한다면, 과잉금지원칙의 위반을 인정하기 어려울 것이다. 왜냐하면 그 법정형인 1년 이하의 징역 또는 3백만원 이하의 벌금 정도는 조제공정에 대한 지휘·감독의무의 불이행이라는 의사의 부작위 거동범에 대한 적정형벌이 아니라고 단정짓기 어렵기 때문이다. 물론 1년 이하의 징역 또는 3백만원 이하의 벌금은 그와 같은 의사의 부작위 거동범에 대한 형벌로서도 다소 과잉의 형벌이다. 하지만 입법자의 재량범위 안에 있는 과잉형벌이라고 볼 수 있다.

(나) 업무상 과실치상죄와의 불법과 형벌 비교

간호(조무)사에게 조제를 위임하면서 지휘·감독을 하지 않은 의사의 부작위에 대해 적용되는 무면허의약품조제죄의 과잉형벌적 성격은 업무상 과실치사상죄(형법 제268조)와 비교할 때에도 명백하게 드러난다. 의사의 부작위 거동범이 초래하는 의약품 오남용의 (병원의 조제공정 체계의 현실을 고려할 때 매우 낮은) 위험이 실제로 현실화되면, 환자는 상해를 입거나 사망에 이를 수 있다. 물론 임상현실에서 의사는 환자가 사망할 정도로 위험한 의약품의 조제를 간호(조무)사에게 위임하지 않는다. 어쨌든 환자의 상해 또는 극단적인 예로 사망의 결과가 발생하였다고 가정하자. 그런 경우 의사는 업무상 과실치사상죄(형법 제268조)로 처벌된다. 이때 법정형은 5년 이하의 금고 또는 2천만원 이하의 벌금이다. 금고형은 징역형보다 경한 형벌(형법 제41조, 제50조 제1항)이지만, 자유형이라는 점은 같으므로 그 작은 차이를 제쳐놓고 본다면, 의약품의 조제공정에 대한 지휘·감독의 부작위의 불법을 아무리 과중하게 평가하여도 바로 그 의약품조제의 과오로 인해 환자가 상해를 입거나 사망하게 한 행위의 불법과 같다고 볼 수는 없다. 그러므로 제23조 제4항의 "자신이 직접"이라는 문언은 입원환자 등에 대한 조제를 간호(조무)사에게 위임하고 지휘·감독을 다하지 않은 의사의 부작위에 대해 과잉금지원칙에 위배되는 형벌을 귀속시키는 부작용을 발휘하고 있다고 볼 수 있다.

VI. 위헌결정의 형태

"자신이 직접"이라는 (III. IV.에서 검토한 바와 같이) 문언이 의사의 조제권과 의료분업권에 대한 과잉침해와 (V.에서 검토한 바와 같이) 범죄구성요건(제93조 제1항 제3호, 제95조 제1항 제3호)의 (의미론적, 구문론적) 불명확성과 과잉처벌의 결과를 가져오고 있는 것이라면, 헌법재판소는 약사법 제23조 제4항에 대하여 어떤 결정을 내려야 하는 것일까?

1. 일부위헌결정

첫째, 약사법 제23조 제4항의 "자신이 직접"이라는 문언만을 위헌이라고 결정하는 일부위헌결정을 생각할 수 있다.

(1) 진료권 등의 과잉제한에 근거한 일부위헌결정의 부적절성

첫째, 제23조 제4항의 "자신이 직접"이라는 문언이 (앞의 II.~IV.에서 검토한 바와 같이) 의사의 진료권(의료분업권)과 간호사의 진료보조권 등에 대한 과잉의 제한을 이유로 일부위헌결정을 내릴 수 있는지를 검토한다.

1) 원내조제의 기본형에 대한 입법자 의사의 존중

의사가 직접 조제하는 행위가 (특히 의원급에서는) 원내조제의 기본형이고, 의사의 직접 조제에는 의사가 간호(조무)사를 수족처럼 기계적으로 이용하는 행위나 물 샐 틈 없는 감시 하에 간호(조무)사가 조제하는 경우까지도 포함될 수 있으므로, 제23조 제4항에서 "자신이 직접"이라는 문언 자체를 삭제하는 일부위헌결정은 부적절하다. 다시 말해 그 문언에는 의약품 오남용의 방지와 치료의 효율성을 동시적으로 달성하는 원내조제행위의 기본형이 포함되어 있기 때문에 그 문언 자체를 삭제하게 되면, 그와 같은 두 가지 목적의 동시적 달성을 가져오는 원내조제행위의 '이상적' 형태가 마치 위헌적인 것처럼 왜곡될 가능성이 있다. "자신이 직접"이라는 문언의 무효화는 입법자의 그와 같은 규율의도를 존중하지 않는 결과를 가져올 수 있다.

◆ 직접 조제 규정과 평등권 침해 여부 ◆

물론 제23조는 의사와 약사에게 조제권을 분배하는 규정이다. 그런데 제23조는 한편으로는 의사에게 조제를 "자신이 직접"(제4항)하도록 하면서, 다른 한편으로 약사에게는 그러한 문언을 두지 않고 있다(제1항)는 점에서 평등권(헌법 제11조 제1항)을 침해한다고 볼 수 있는지가 문제될 수 있다. 평등권을 침해한다면 "자신이 직접"이라는 문언을 무효화하는 일부위헌결정이 필요하다. 그러나 이 문언의 차이는 조제권의 차별을 기획하는 것이 아니라, 원내조제는 의사가 '약사의 조제를 통하지 않는다'는 의미에서 ―"자신이 직접"이라는 문언의 문법적 해석에서 의심 없이 명확한 최소한의 의미로서― 자신이 직접 할 수 있다는 것, 즉 (약사 조제권 귀속의 예외가 되는) 조제권의 수여를 기획하는 것일 뿐이다. 따라서 평등권을 침해하는 것은 아니라고 보아야 한다.

따라서 제23조 제4항은 양적으로, 즉 "자신이 직접"이라는 문언을 삭제하는 방향이 아니라 그 문언을 질적으로 제한하는 위헌결정을 하는 것이 적절하다. 그런 위헌결정은 바로 한정합헌결정이나 한정위헌결정의 형태를 띠게 된다. 이 점은 뒤의 2. 에서 자세히 다시 설명한다.

2) 입법자의 개정필요성

이처럼 "자신이 직접"이라는 문언을 삭제하는 결정은 헌법재판소가 하기에는 부적절한 것이지만, 의회가 그 문언이 의사의 조제권과 의료분업권을 과잉으로 침해하는 사례군들이 있다는 점을 고려하여 민주적 절차에 따라 그 문언을 삭제하는 약사법 개정을 하는 것이 바람직하다. 그럴 경우에 약사법 제23조 제4항은 다음의 제1안과 같이 개정할 수 있다.

약사법 제23조 제4항 개정안 예시

제1안: 제1항에도 불구하고 의사 또는 치과의사는 다음 각 호의 어느 하나에 해당하는 경우에는 <u>조제할 수 있다</u>.

제2안: 의사 또는 치과의사는 다음 각 호의 어느 하나에 해당하는 경우에는 <u>제1항에도 불구하고 조제할 수 있다</u>.

제3안: 의사 또는 치과의사는 다음 각 호의 어느 하나에 해당하는 경우에는 제1항에도 불구하고 <u>자신이 치료용으로 사용하는 의약품을</u> 조제할 수 있다.

이렇게 개정하게 되면 원내조제에서 의사가 어떤 범위까지 간호(조무)사와 분업의 형태로 조제를 할 수 있는지는 법원의 해석이나 약사법시행규칙에 맡겨지게 된다. 다만 이런 개정은 구문론적으로 다소 어색함이 있으므로 위의 제2안이나 제3안의 문장과 같이 정돈하는 것이 바람직하다.

(2) 범죄구성요건으로서 제23조 제4항에 대한 일부위헌결정

앞(V.)에서 살핀 바와 같이 제23조 제4항은 제95조 제1항 제3호(직접 조제규정위반죄)의 적극적인 범죄구성요건이면서, 제93조 제1항 제3호(무면허의약품조제죄)의 소극적인 범죄구성요건이며, 법률해석으로 제거할 수 없는 구조적인 불명확성을 갖고 있다는 점에서 명확성 원칙에 위배되고, 특히 무면허의약품조제죄를 적용할 경우에는 의사가 잘못한 책임(간호사 등에게 조제를 위임하면서 단지 지휘·감독을 하지 않은 부분)과 심각하게 불균형적으로 무거운 형벌을 부과한다는 점에서 과잉금지원칙에 위배된다. 따라서 범죄구성요건으로서 제23조 제4항은 위헌법률이 된다.

하지만 이 경우 헌법재판소는 가급적 입법자의 입법재량권을 존중하여야 하고, 위헌적 요소를 걷어내는 방향으로 결정을 하여야 한다. 그런 결정의 형태로는 제23조 제4항의 "자신이 직접"이라는 문언을 무효화하는 일부위헌결정이 적절하다. 그 이유를 살펴보기로 한다.

1) 제23조 제4항 및 그 벌칙조항들의 존속필요성

먼저 의사가 간호(조무)사에게 입원환자 등에 대한 조제를 위임하고 지휘·감독하지 않은 행위로써 위반하게 되는 제23조 제4항이나 그에 대한 형벌조항인 제95조 제1항 제3호 또는 제93조 제1항 제3호는 삭제될 수 없다.

㈎ 무면허의약품조제죄규정의 존속필요성

의사의 제23조 제4항 위반행위에 귀속되는 벌칙조항인 제93조 제1항 제3호는 본래 약사면허가 없는 자의 조제행위를 처벌

하는 범죄구성요건이고, 그 법정형인 5년 이하의 징역 또는 2천만원 이하의 벌금은 다소 무겁지만 과잉형벌이라고 보고 위헌결정을 내릴 수는 없다. 특히 무면허의료행위를 처벌하는 의료법 제87조 제1항 제3호도 법정형이 5년 이하의 징역 또는 2천만원 이하의 벌금으로서 무면허의약품조제죄와 똑같다는 점도 이를 뒷받침해준다.

㈏ 직접 조제규정위반죄의 존속필요성

의사의 제23조 제4항 위반행위에 귀속되는 또 다른 벌칙조항인 제95조 제1항 제3호 자체의 삭제도 부적절하다. 판례가 말하는 "구체적이고 즉각적인 지휘·감독"의 이행이 병원의 현실을 고려할 때 일반적으로 기대하기 어렵다면, 간호조직에 의해 지휘·통제되고, 위험도가 낮은 의약품의 조제만을 간호(조무)사에게 위임한 후 지휘·감독을 하지 않은 의사의 부작위(책임)는 처벌가치가 매우 낮다고 보아야 한다. 병원에서 의사 1인당 1일 외래환자의 수나 입원환자의 수 및 조제횟수 등을 고려할 때 모든 입원환자에 대한 조제공정에 의사가 참여하여 구체적으로 지휘·감독할 수가 없는 것이며, 만일 그렇게 한다면, 의사의 진찰이나 진단, 수술 등의 업무에 차질이 빚어져 오히려 환자에게 불리해지기 때문이다. 따라서 제95조 제1항 제3호의 법정형인 1년 이하의 징역 또는 3백만원 이하의 벌금마저도 다소 과잉의 형벌이라고 볼 수 있다. 입법정책적으로는 과태료처분이 더 적정한 제재가 된다. 그러나 입법자는 1년 이하의 징역 또는 3백만원 이하의 벌금과 과태료처분 사이의 차이 정도에 대해서는 입법재량권을 갖는다고 보아야 한다. 따라서 제95조 제1항 제3호도 삭제가 불가능하다.

(다) 제23조 제4항 전체의 삭제불가

이처럼 벌칙조항의 삭제가 부적절하다면, 제23조 제4항을 삭제할 수밖에 없다. 하지만 이것 역시 불가능하다. 제23조 제4항은 입원환자 등에 대한 의사의 조제권을 부여하는 규정이므로 그 규정을 삭제하면 입원환자이든 수술환자이든 약사가 병원실이나 입원실에 들어가 의사가 처방하는 약을 조제해야 하는 문제점이 생긴다.

2) 법적 요건과 법적 효과의 결합구조의 결함 제거

여기서 제23조 제4항은 존속시키되, "자신이 직접"이라는 문언만 무효화하는 일부위헌결정이 적절함을 알 수 있다.

만일 입법자가 원내조제에 대해 의사에게 조제권을 부여하면서 "직접 조제"라는 문언을 넣지 않았다면, 입원환자 등에 대한 조제는 의료법상 의사의 진료권과 간호사의 진료보조권에 근거하여 당연히 (수직적) 의료분업의 형태로 이루어질 수 있을 것이다. 다시 말해 "자신이 직접"이라는 문언을 삭제한다면 제23조 제4항은 의사에게 입원환자 등에 대한 조제권을 인정하고, 그 조제권은 의료법에 의해 의사가 간호(조무)사와의 분업으로 시행할 수 있는 권리, 즉 조제분업권을 포함한다고 해석된다.

이때 간호(조무)사에게 조제를 위임하고, 지휘·감독을 하지 않은 의사의 부작위는 조제분업권의 행사일 뿐 무면허의약품조제행위가 되지는 않는다. 다만 수직적 의료분업의 경우 그 분업에 따른 위험관리의무(예: 간호사의 분업업무에 대한 자질심사의무, 위임적합성 심사의무, 지시내용이해여부 심사의무, 감독의무)가 의사에게 남고, 이 의무는 분업권에 내재된 의무라고 볼 수 있다. 따라서 의사에게 입원환자 등에 대한 조제권과 (의료법에 의하여 당연히 인정되는) 조제분업권을 인정하는 제23조 제4항은 당연히 조제분업에 따른 위험관리의무, 특히 지휘·감독의무도 포함하는 규범이 된다. 따라서 간호(조무)사에게 조제를 위임하고 구체적이고 즉각적인 지휘·감독을 하지 않은 의사의 부작위는 오로지 그리고 명확하게 제23조 제4항을 위반하는 행위로서 제95조 제1항 제3호에 의해 처벌될 수 있게 된다.

3) 일부위헌결정

그러므로 제23조 제4항이 제93조 제1항 제3호(무면허의약품 조제죄)의 소극적 구성요건이면서 동시에 제95조 제1항 제3호(직접 조제규정위반죄)의 적극적 구성요건임으로 인해 발생하는 위헌성, 즉 체계정당성(Systemgerechtigkeit)의 원리에 대한 위반과 명확성원칙 그리고 과잉금지원칙에 대한 위반은 제23조 제4항의 "자신이 직접"이라는 문언을 무효화하는 일부위헌결정에 의해 적절하게 제거될 수 있음을 알 수 있다. 또한 "자신이 직접"이라는 문언의 무효화를 넘어서는 제23조 제4항 또는 제93조 제1항 제3호나 제95조 제1항 제3호 전부에 대한 위헌결정은 정당하지도 필요하지도 않다.

2. 변형결정

앞에서 설명한 바와 같이 제23조 제4항은 진료권의 과잉침해를 근거로 하여 일부위헌결정을 하기에는 부적절하지만, 과잉형벌과 범죄구성요건의 불명확성 등을 근거로 한 일부위헌결정은 적절한 헌법재판의 형태가 된다.

하지만 이하에서는 형벌법규로서의 제23조 제4항에 대한 일
부위헌결정마저도 부적절한 것이라고 가정하자.

(1) 질적 무효화의 재판

그런 가정 하에서도 제23조 제4항의 위헌적 요소를 제거하는
방법으로 "자신이 직접"이라는 문언을 질적으로 무효화하는 변
형결정, 즉 "자신이 직접"이라는 문언을 헌법합치적으로 해석
하는 한정합헌결정이나 한정위헌결정과 같은 변형결정(Ent-
scheidungsvariante)이 남아 있다.

이 변형결정은 위헌결정이 '당연무효'(소급무효)의 효력을 갖
는 독일의 경우와 달리 위헌결정이 있은 그날부터 효력을 상실
하는(헌법재판소법 제45조) '폐지무효'(추급무효)의 효력28)을 갖
는 우리나라 헌법재판에서는 그 필요성이 다소 적지만,29) 헌법
재판소가 이를 인정하고 있고, 학계의 폭넓은 지지를 받고 있
다. 헌법합치적 법률해석의 방법으로 이루어지는30) 한정합헌

---

28) 법률의 장래 효력을 상실시키는 폐지무효는 위헌결정 전과 후의 사
   건 사이에 불합리한 결과가 초래될 수 있는데, 이 점을 고려하여 위헌
   결정을 받은 당해사건에 대한 위헌법률의 적용을 피할 수 있게 하는
   오스트리아의 '개시자혜택'(Ergreiferprämie)제도나 헌법재판소에게
   위헌결정에 소급효를 부여할 수 있는 권한을 인정하는 제도 등에 주
   목할 필요가 있다고 보는 최희수, "위헌법률의 운명에 관한 서론. 변
   형결정의 헌법적 기초를 위한 소고,"『강원법학』(제9권, 1997), 268쪽
   아래 참조.
29) 이런 관점으로 김형남, "한국 헌법재판소의 변형결정에 관한 연구,"
   경성법학(제14집 제1호, 2005), 97~105쪽 참조.
30) 여기서 헌법합치적 법률해석의 방법으로 이루어진다는 뜻은 "헌법
   부합적 법률해석에서부터 한정결정이 도출된다고 보기 어렵다"는 지
   적[김운용, "위헌결정과 변형결정의 문제점," 강원법학(제20권, 2005),

결정이나 한정위헌결정은 일부위헌결정처럼 법률문언의 일부를 삭제하는 결정이 아니라 법률문언은 그대로 두되, 그 요건의 일부를 '질적으로 무효화'하는 재판형식, 즉 "규범텍스트의 축소가 없는 무효선언"(Nichtigkeit ohne Normtextreduzierung)[31])이 된다. 한정합헌결정이나 한정위헌결정은 다음과 같은 방향의 주문(主文)으로 내릴 수 있다.

한정위헌결정	한정합헌결정
"자신이 직접 조제"라는 문언은 [의사가 손수 조제하거나 간호(조무)사를 기계적으로 이용하여 조제하는 경우 이외에] '실질적 지휘·감독 하에 간호(조무)사에게 위임하여 조제를 하는 경우'에는 적용되지 않는다고 (축소)해석한다면 헌법에 위반된다.	"자신이 직접 조제"라는 문언은 [의사가 손수 조제하거나 간호(조무)사를 기계적으로 이용하여 조제하는 경우뿐만 아니라] '실질적 지휘·감독 하에 간호(조무)사에게 위임하여 조제를 하는 경우'에 적용된다고 (확장)해석한다면 헌법에 위반되지 않는다.

흔히 한정합헌결정도 한정위헌결정과 같이 질적인 일부위헌결정,[32] 마치 결정의 형식만을 변환시킨 것으로 이해된다.[33]

192쪽]과 모순되지 않는다. 헌법합치적 해석은 변형결정(한정위헌결정, 한정합헌결정)에서 반드시 일어나는 과정임에는 변함이 없다.

31) Klaus Schlaich, *Das Bundesverfassungsgericht* (München, 1994), 224쪽.

32) 따라서 한정합헌결정도 헌법재판소 재판관 6인 이상의 찬성이 필요하다. 예컨대 재판관 중 3인이 단순합헌결정의견, 5인이 한정합헌결정의견, 1인이 전부위헌결정의견이었다면, 한정합헌결정의 정족수를 충족하는 것이 된다. 한정합헌결정에 의한 질적인 일부위헌결정의 성격을 가지고, 이를 '대는 소를 포함한다'는 논리명제처럼 1인의 전부위헌결정은 질적인 일부위헌결정을 포함하고 있기 때문이다. 같은 결론으로 헌재결 90헌가104 참조.

헌법재판소도 합헌적인 한정축소해석과 한정적 위헌선언은 "본질적으로는 다 같은 부분위헌결정이다"[헌재결 96헌마172, 173(병합)]고 본다.

그러나 변형결정은 특정 사례군에 대해서 구속력을 가지는 것이기 때문에[34] 한정합헌결정과 한정위헌결정 사이에는 그 구속력이 미치는 사례군의 범위에서 차이가 있을 수 있다.

1) 특정 사례군에 대한 판단

즉, 변형결정에 의한 '질적 무효화'는 한정합헌결정 또는 한정위헌결정의 대상이 된 사건과 법적으로 동일한 취급이 요구되는 사례들 즉, (사안)유사성[35]이 있는 사례들(적용사례군: 아래 도표의 A 또는 b)에 대한 특정 법률의 적용을 합헌 또는 위헌으로 판단하는 것이다. 가령 위헌심판의 대상이 된 법률이 적용될 가능한 사례들의 모든 수(총집합)를 아래의 도표에서 A+a, 또는 B+b라고 표현하자.

---

33) 허경 · 곽순근, "규범통제심판에서 변형결정의 형식과 효력," 『연세대 법학연구』(제7권, 1997), 256쪽.

34) 이하의 변형결정에 관한 설명은 내가 쓴 이상돈, 『헌법재판과 형법정책』(고려대출판부, 2005), 112~120쪽에서 가져와 요약, 수정한 것임.

35) 이 유사성을 비트겐슈타인(Wittgenstein)의 언어철학적 명제인 사용이론(Gebrauchstheorie)을 응용하여 만든 나의 법률해석명제, 즉 '법률텍스트의 의미는 그 사용을 통해서 비로소 형성된다'는 관점에서 보면 비트겐슈타인이 밝힌 것처럼 완전한 동일성이 아니라 가족유사성(family resemblence)이라 할 수 있다.(이상돈, 『법이론』, 1996, 177쪽 아래 참조)

2) 편면적 구속력

① 한정합헌결정에서 합헌으로 판단된 사례군(A)에서만 법원에 대하여 구속력이 있고, 그 사례군의 여집합(餘集合)인 그 외의 사례군(a)에 대해서는 논리적으로 위헌이라는 판단이 내려지고 구속력이 발생하는 것이 아니다. ② 반면에 한정위헌결정에서는 위헌으로 판단된 사례군(b)에서만 법원에 대하여 구속력이 있고, 그 사례군의 여집합(餘集合)인 그 외의 사례군(B)에 대해서는 논리적으로 합헌이라는 판단이 내려지고 구속력이 발생하는 것이 아니다. 이를 편면적 구속력이라고 한다.

하지만 헌법재판소는 변형결정의 구속력에 관해 어떤 변형결정도 법원을 구속한다고 보는[36] 반면, 대법원은 어떤 결정이든 법원을 구속하지 못하는 참고적인 법률해석이라고 본다.[37] 그러나 헌법재판소는 권력분립의 원리에 의하면 법원의 제4심이 되어서 안 되는 반면 대법원은 헌법재판소의 (최종적인) 헌법해석권을 존중하여야 한다.[38] 헌법재판소의 헌법해석권과 대법원의 법률해석권 사이의 조화와 균형을 이루는 방법의 하나는 바로 한정위헌 또는 한정합헌결정의 구속력은 그 결정이 질적 무효화를 행한 '특정한

---

36) 변형결정의 기속력을 부인한 법원의 재판은 헌법소원의 대상이 된다는 점을 분명히 한 헌재결 96헌마172, 173[병합] 참조.

37) 한정위헌결정의 기속력을 부인한 대판 95누11405와 대판 95재다14; 헌법불합치결정의 기속력을 부인한 대판 96누11068 참조. 대법원의 입장에 대한 비판으로 남복현, "대법원의 전속적인 법률해석권과 한정위헌결정의 기속력," 『한양법학』(제11집, 2000), 79쪽 참조.

38) 모든 국가기관이 헌법재판소의 결정을 존중할 의무를 독일의 '동일규범반복제정금지의무'와 '반응의무'로 설명하기도 한다. 이에 관해 자세히는 허완중, "헌법재판소 결정의 기속력," 『헌법판례연구』(제13권, 2012), 315~378쪽 참조.

적용사례군'에 대해서만 발생하고, 그 밖의 사례군에 대해서는 구속력이 없다는 편면적 구속력을 인정하는 것이다. 바로 이 점에서 가령 한정위헌결정처럼 '~라고 해석하는 한 위헌'이라는 식의 가설적 판단은 확정적·종국적이지 않기 때문에 구속력이 없다고 보는 견해39)는 타당하지 않다. 왜냐하면 한정합헌 또는 한정위헌결정에서 '가설적 부분'이라는 것은 확정적이고 종국적인 판단이 미치는 특정사례군을 한정하는 기능을 수행하는 것일 뿐이기 때문이다.

(2) "자신이 직접 조제"에 대한 한정합헌결정의 예시
한정합헌결정을 예시적으로 설명해보자.

1) 적용사례군에 대한 합헌결정의 구속력

가령 헌법재판소는 약사법 제23조 제4항의 "자신이 직접 조제"에 대해 그 문언이 대법원이 해석한 바(대판 2006도4418)와 같이 ① 의사가 손수 조제하거나 ② 간호(조무)사를 (수족처럼) 기계적으로 이용하여 조제하거나 ③ 간호(조무)사에 대한 의사의 "구체적이고 즉각적인 지휘·감독"이 있거나 실질적으로 가능한 경우에 적용하는 한 헌법에 위반되지 않는다는 한정합헌결정을 할 수 있다. 이 경우 법원은 그 (적용)사례군(A= ①, ②, ③)을 "자신이 직접 조제"라는 문언에 해당하는 경우로 판단하지 않으면 안 된다. 즉 한정합헌결정은 그 사례군(A= ①, ②, ③)에 대하여 구속력을 갖는다.

---

39) 김운용, "위헌결정과 변형결정의 문제점," 『강원법학』(제20권, 2005), 195쪽 아래 참조.

2) 여집합인 사례군에 대한 법원의 독자적인 해석권

하지만 그와 같은 한정합헌결정은 그 결정을 받은 사례군 이외의 사례군(여집합 a)에 대한 그 문언의 적용을 위헌이라고 판단하는 것이 아니며,[40] 설령 위헌이라는 판단이 (여집합인 관계

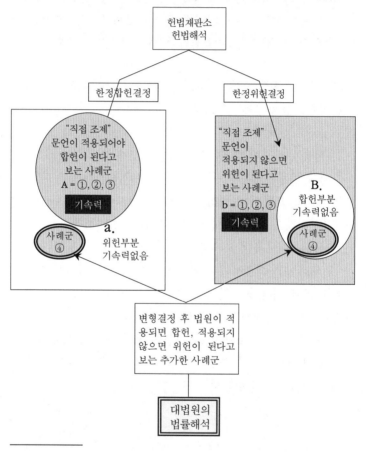

---

40) 한정합헌결정에서 합헌이 되는 의미 외의 부분은 모두 위헌이 된다고 보는 신평, "헌법재판소의 한정합헌결정과 한정위헌결정 형식에 대한 비판적 검토," 『경북대학교 법학논고』(제27권, 2007), 345~367쪽 참조.

로) 논리적으로 추론되는 판단이라고 보더라도 대법원을 구속하지는 않는다. 따라서 한정합헌결정을 받은 사례군은 ①, ②, ③에 폐쇄되지 않고, 대법원은 새로운 사례군 ④, 예컨대 상급종합병원에서 보듯 전문화되고 체계화된 간호조직의 지휘·감독을 의사가 관리·감독하는 것만으로도 의약품 오남용의 방지를 위한 간호사의 조제공정에 대한 '실질적 지휘·감독'을 수행하는 것이고, 이 경우도 "자신이 직접 조제"라는 문언에 해당한다는 법률해석을 할 수 있다. 이는 대법원이 법률해석을 통해 "자신이 직접 조제"라는 문언을 헌법적 가치와 질서에 합치하도록 운영하는 것이고, 이 또한 실질적으로는 헌법합치적 법률해석이라고 할 수 있다.

(3) "자신이 직접 조제"에 대한 한정위헌결정의 예시
다음으로 한정위헌결정을 예시적으로 설명해본다.

1) 적용사례군에 대한 위헌결정의 구속력
가령 헌법재판소는 약사법 제23조 제4항의 "자신이 직접 조제"에 대해 그 문언이 대법원(대판 2006도4418)이 제시한 경우들, 즉 ① 의사가 손수 조제하거나 ② 간호(조무)사를 (수족처럼) 기계적으로 이용하여 조제하는 경우는 물론이고 ③ 간호(조무)사에 대한 의사의 "구체적이고 즉각적인 지휘·감독"이 있거나 실질적으로 가능한 경우에도 적용되지 않는다고 해석한다면, 헌법에 위반된다는 한정위헌결정을 할 수 있다. 이 경우 법원은 그 사례군(b = ①, ②, ③)을 "자신이 직접 조제"라는 문언에 해당하지 않는 경우로 판단해서는 안 된다. 즉 한정위헌결정은 그 사례군(b = ①, ②, ③)에 대하여 구속력을 갖는다.

2) 여집합인 사례군에 대한 대법원의 독자적인 해석권

하지만 그와 같은 한정위헌결정은 그 결정을 받은 사례군 이외의 사례군(여집합 B)에 대한 그 문언의 적용을 합헌이라고 판단하는 것이 아니며, 설령 합헌이라는 판단이 (여집합인 관계로) 논리적으로 추론되는 판단이라고 보더라도 대법원을 구속하지는 않는다. 따라서 한정위헌결정을 받은 사례군은 ①, ②, ③에 폐쇄되지 않고, 대법원은 새로운 사례군 ④, 예컨대 상급종합병원에서 보듯 전문화되고 체계화된 간호조직에 대한 의사의 관리·감독만으로도 의약품 오남용의 방지를 위한 간호사의 조제공정에 대한 '실질적 지휘·감독'을 수행하는 것이고, 이 경우도 "자신이 직접 조제"라는 문언에 해당하지 않는다는 법률해석을 하는 한에서는 위헌이라는 판단을 자체적으로 할 수 있다. 이런 해석 역시 대법원이 법률해석을 통해 "자신이 직접 조제"라는 문언을 헌법적 가치와 질서에 합치하도록 운영하는 것이고, 대법원이 수행할 수 있는 헌법합치적 법률해석이라고 할 수 있다.

(4) 헌법재판형태의 제안

이상의 설명에서 보듯 만일 약사법 제23조 제4항의 "자신이 직접"이라는 문언에 대하여 한정합헌결정과 한정위헌결정의 방향으로 나아가야 한다고 볼 때 그 재판의 내용과 형태는 어떻게 되어야 하는가?[41]

---

41) 물론 이 변형결정은 헌법재판소가 할 수 있고, 헌법소원심판을 청구할 때 당사자는 처음부터 변형결정을 구할 수 없다. 헌법재판소의 결정례(헌재결 98헌바36)에 의하면 이는 헌법재판소법 제68조 제2항이 "법률조항 자체의 위헌판단을 구하는 것"을 전제로 하고 있어서 "~하

이 문제는 앞서 검토한 편면적 구속력의 법리를 따르지 않
고, 헌법재판소의 입장처럼 어떤 결정이든 완전한 구속력을 갖
는다고 보는 경우에도 법원으로 하여금 앞서 제시한 실질적 지
휘·감독이 있는 경우를 "자신이 직접"에 해당하는 경우로 해
석하도록 만드는 변형결정을 내리는 경우에도 마찬가지로 등
장하는 문제이다.

1) 한정합헌결정과 한정위헌결정의 내용

헌법재판소는 첫째, "자신이 직접 조제"라는 문언을 ―의사
가 손수 또는 간호(조무)사를 기계적으로 이용하여 조제하는 경
우 뿐만 아니라― '간호의 조직화, 전문화, 체계화의 정도와 의
사의 지휘감독의 정도를 종합적으로 고려할 때 간호(조무)사에
게 조제를 위임함으로써 발생하는 의약품 오남용의 방지라는
목적을 달성할 수 있을 정도로 간호(조무)사의 조제에 대한 실
질적인 지휘·감독'이 있었다고 평가할 수 있는 경우에 적용된
다고 해석하는 한, 그 문언은 헌법에 위반되지 아니한다고 결정
할 수 있다.

둘째, 헌법재판소는 "자신이 직접 조제"라는 문언이 ―의사
가 손수 또는 간호(조무)사를 기계적으로 이용하여 조제하는
경우 이외에도― '간호의 조직화, 전문화, 체계화의 정도와 의
사의 지휘감독의 정도를 종합적으로 고려할 때 간호(조무)사에
게 조제를 위임함으로써 발생하는 의약품 오남용의 방지라는

는 것으로 해석하는 한 위헌"이라는 판단을 구하는 청구는 제68조 제
2항의 요건을 충족하지 못하기 때문이라고 볼 수 있다. 따라서 청구
인은 실제로는 한정위헌결정을 구하는 청구를 하는 경우에도 해당 법
률조항의 위헌결정을 구하는 청구를 해야 한다.

목적을 달성할 수 있을 정도로' 간호(조무)사의 조제에 대한 '실질적인 지휘·감독'이 있었다고 평가할 수 있는 경우에 적용되지 않는다고 해석하는 한 그 문언은 헌법에 위반된다고 결정할 수 있다.

2) 변형결정간의 선택

다음으로 한정합헌결정과 한정위헌결정 가운데 어떤 결정을 선택할 것인가 하는 문제가 남는다.

㈎ 정치적 선택기준

헌법재판소도 법문의미의 사정거리, 합헌적 의미나 범위를 확정하는 방법 그리고 실무적인 적의성 등에 따른 '선호'에 의해 선택된다고 본다.

"법률의 다의적(多義的)인 해석가능성이나 다기적(多岐的)인 적용범위가 문제될 때 위헌적인 것을 배제하여 합헌적인 의미 혹은 적용범위를 확정하기 위하여 한정적으로 합헌 또는 위헌을 선언할 수 있다. 양자는 다 같이 질적인 부분위헌선언이며 실제적인 면에서 그 효과를 달리하는 것은 아니다. 다만 양자는 <u>법문의미가 미치는 사정거리를 파악하는 관점, 합헌적인 의미 또는 범위를 확정하는 방법 그리고 개개 헌법재판사건에서의 실무적인 적의성 등에 따라 그 중 한 가지 방법을 선호할 수 있을 따름이다.</u>"(헌재결 89헌가104)

그러나 선호는 주관적인 것이며, 결국 정치적인 판단이 개입하기 쉽다. 또한 "국민들의 심리적 측면에서"[42] 선택하거나 '위헌성 강조의 필요성과 해당 법률의 존속에 대한 신뢰보호의 필요성' 사이의 이익형량[43])에 의해 선택할 수 있다고 보는 학설도 정치적 판단의 성격에서 벗어나기 어렵다.[44] 물론 이익형량의 기준은 얼핏 법적 판단기준인 것처럼 보인다. 그러나 위헌성 강조의 필요성이란 신뢰보호의 필요성과 달리 법적 기준이 아니기 때문에 그 둘을 이익형량하는 것도 다분히 정치적인 성격을 띨 수밖에 없다.

(나) 법적 선택기준

그러나 변형결정문의 선택은 법적인 기준에 의거해야 한다.

(ㄱ) 형법으로서 약사법 제23조 제4항. 약사법 제23조 제4항은 무면허의약품조제죄(제93조 제1항 제3호)의 (적극적) 구성요건인 제23조 제1항의 구성요건해당성을 배제시키는 소극적인 구성요건이다. 그런 점에서 제23조 제4항은 약사법이면서 동시에 실체형법이기도 하다. 의사의 무면허의약품조제죄(제93조 제1항 제3호)는 5년 이하의 징역형이 선택될 수 있는 중범죄에 속한다.

---

42) 정재황, "헌법재판소의 한정합헌결정,"『법과 사회』(제3호, 1990), 34 쪽.

43) 그러므로 허경·곽순근, "규범통제심판에서 변형결정의 형식과 효력,"『연세대 법학연구』(제7권, 1997), 257쪽.

44) 물론 헌재의 변형결정 현실은 정치적 고려에 의해 지배되는 모습을 보여주기도 한다. 예컨대 국가보안법과 같이 국가안전보장에 직접 관련되는 법률에 대하여는 한정합헌결정을 내리는 것(예: 헌재결 90헌가11)이 타당하다는 결론은 매우 정치적이다[한정합헌결정이 자칫 국민 전체를 위한 개혁에 반하는 입법을 적어도 법적으로 정당화해 주는 우려를 하는 정재황, "헌법재판소의 한정합헌결정,"『법과 사회』(제3호, 1990), 46~47쪽 참조].

(ㄴ) 불명확성과 책임주의 위반에 따른 한정위헌결정

제23조 제4항이 형법적인 구성요건이라면 죄형법정주의나 명확성원칙 그리고 책임원칙의 관점에서 그 변형결정을 선택하는 것이 요구된다. 첫째, "자신이 직접 조제"라는 문언은 앞 (V.)에서 설명한 바와 같이 명확성원칙에 위배된다. 둘째, 제23조 제4항은 제23조 제1항의 무면허의약품조제죄(제93조 제1항 제3호)를 의사와 치과의사가 주체가 되는 신분범으로 만든다. 의사의 원내조제가 허용되는 범위에 대한 위헌적인 과잉제한이 이루어지기 때문에 의사가 범할 수밖에 없는 무면허의약품조제죄(제93조 제1항 제3호)는 과잉금지원칙이나 책임주의(Schuldprinzip)에 위배된다. 이처럼 명확성원칙과 과잉금지원칙 또는 책임주의의 위반인 점을 고려해보면 제23조 제4항에 대한 변형결정으로는 한정합헌결정보다는 한정위헌결정이 더 적절하다.

찾아보기

저자 약력

서울고 졸업
고려대학교 법과대학 졸업
고려대학교 대학원 법학과 졸업(법학석사)
독일 프랑크푸르트 대학교 대학원 졸업(Dr.jur.)
한국법철학회 회장(역임)
고려대학교 법학연구원 원장(역임)
현재 고려대학교 법학전문대학원 정교수

의료법 분야 저서 목록

의료형법(법문사, 1998)
의료체계와 법(고려대출판부, 2000)
치료중단과 형사책임(법문사, 2002)
생명공학과 법(아카넷, 2003)
수가계약의 이론과 현실(세창출판사, 2009)
의약품공급계약과 사적 자치(세창출판사, 2014)

원내조제분업의 법리

2015년 5월 15일 초 판 인쇄
2015년 5월 20일 초 판 발행

저 자 이 상 돈
발행인 이 방 원
발행처 세창출판사
　　　　서울 서대문구 경기대로 88 냉천빌딩 4층
　　　　전화 723-8660　　팩스 720-4579
　　　　E-mail: sc1992@empal.com　　Homepage: www.sechangpub.co.kr
　　　　신고번호 제300-1990-63호

정가 20,000원

ISBN　978-89-8411-524-8　93360